中华古籍保护计划

·成 果·

国家古籍保护中心

古籍保护系列培训教材

龙 伟 著

图书馆古籍数字化资源加工标准规范

国家图书馆出版社

图书在版编目（CIP）数据

图书馆古籍数字化资源加工标准规范 / 龙伟著 . —
北京 ：国家图书馆出版社，2023.8
（国家古籍保护中心古籍保护系列培训教材）
ISBN 978-7-5013-7092-4

I.①图… II.①龙… III.①数字技术－应用－古籍
整理－中国－教材 IV.① G256.1-39

中国版本图书馆 CIP 数据核字（2020）第 224642 号

书　　名　**图书馆古籍数字化资源加工标准规范**
　　　　　TUSHUGUAN GUJI SHUZIHUA ZIYUAN JIAGONG
　　　　　BIAOZHUN GUIFAN
著　　者　龙　伟　著
责任编辑　张　颀
封面设计　项梦怡

出版发行　国家图书馆出版社（北京市西城区文津街 7 号　100034）
　　　　　（原书目文献出版社　北京图书馆出版社）
　　　　　010-66114536　63802249　nlcpress@nlc.cn（邮购）
网　　址　http://www.nlcpress.com
排　　版　北京旅教文化传播有限公司
印　　装　河北鲁汇荣彩印刷有限公司
版次印次　2023 年 8 月第 1 版　2023 年 8 月第 1 次印刷

开　　本　710mm×1000mm　1/16
印　　张　14.75
字　　数　198 千字
书　　号　ISBN 978-7-5013-7092-4
定　　价　88.00 元

总　序

我国拥有卷帙浩繁的文献典籍。这些文献典籍承载了中华民族的历史记忆和思想智慧，是中华优秀传统文化的重要组成部分。保护好、传承好、利用好这些珍贵典籍，是我们每一代人都应肩负的历史使命，需要有源源不断的古籍保护专业人才参与其中。

2007 年"中华古籍保护计划"启动以来，坚持"保护为主、抢救第一、合理利用、加强管理"的工作方针，在古籍普查、数字化、修复保护、人才培养、整理研究、传播推广等领域取得一系列重要成果。目前，国务院已批准公布了六批《国家珍贵古籍名录》和全国古籍重点保护单位，13026 部珍贵古籍和 203 家单位入选。

"加强古籍修复、鉴定、普查等培训工作，培养一批具有较高水平的古籍保护专业人员"是"中华古籍保护计划"的主要内容之一。为此，国家古籍保护中心从建立之初就不断加大古籍保护人才培养力度，探索拓宽人才培养渠道。经过多年实践，建立了培训基地、高等院校、传习所相结合的"三位一体"人才培养模式。截至目前，全国共培训在职学员超过 3 万人次，覆盖 2000 余家古籍收藏单位，陆续建立了 12 家国家级古籍修复中心、12 家国家古籍保护人才培训基地、1 家国家级古籍修复技艺传习中心，并附设 47 家国家级古籍修复技艺传习所，古籍修复人员从不足百人发展至超过千人；国家古籍保护中心先后与中山大学、复旦大学、中国社会科学院大学、天津师范大学等联合培养古籍保护专业硕士 300 余人，全国 30 余所院校开设了古籍保护修复相关专业。2023 年，"首届古籍保护人才发展论坛"成功举办，进一步开拓了古籍保护人才培养新局面。

古籍保护是一项不能间断的事业，需要一代代人接力坚守。虽然古籍保护人才严重匮乏的情况经过多年努力已得到显著改善，但是发展壮大古籍保护人才队伍，接续性培养古籍保护人才，形成科学合理可持续的人才梯队，仍是今后相当长一段时间内的重点工作。

习近平总书记在党的二十大报告中强调，要"深入实施人才强国战略"。中共中央办公厅、国务院办公厅印发《关于推进新时代古籍工作的意见》、全国古籍整理出版规划领导小组出台《2021—2035年国家古籍工作规划》，明确提出要"推进古籍学科专业建设，强化人才队伍建设"，"打造一支素质优良的古籍人才队伍"，为新时代古籍保护人才培养工作指明了发展方向，并提出了具体要求。为贯彻相关文件精神，完善古籍保护人才培养体系，推进古籍保护学科建设，建立人才培养长效机制，国家古籍保护中心在广泛征求意见的基础上，组织开展"国家古籍保护中心古籍保护系列培训教材"编纂工作，旨在出版一套具有专业指导性和行业规范性的教材，为古籍保护相关专业学生和从业人员提供学习资料，让学习者更快掌握古籍编目、古籍修复、古籍保护科技等方面的专业知识。在编写这套教材时，作者们着重结合图书馆古籍工作管理、普查、数字化等方面的标准规范和实践案例，以帮助学习者更好地了解古籍保护工作的整体情况，为今后能高质量完成古籍保护工作做好知识储备。

教材的编纂团队由全国各地的古籍保护专家、学者和从业者组成，他们具有深厚的理论素养和丰富的实践经验，为教材的质量提供了有力保障。同时，国家古籍保护中心针对这套教材专门成立编纂委员会，由国家图书馆常务副馆长、国家古籍保护中心副主任张志清担任主任，国家图书馆（国家古籍保护中心）、中山大学、复旦大学、武汉大学、天津师范大学等单位的资深专家任委员，对教材内容严格把关、深度指导，力争使本套教材成为符合古籍保护学科和行业工作需要的指导性教材。

我们希望通过本套教材的出版，为古籍保护在职培训与学历教育提供专业读本，培养更多具备专业知识和实践技能的古籍保护专门人才。同时，我们也真诚地希望广大读者在使用本套教材的过程中，提出宝贵意见，使之成为更加科学、更具指导意义的教学用书，以期更好地适应古籍保护学科建设与人才发展的需要。

"国家古籍保护中心古籍保护系列培训教材"
编纂委员会
二〇二三年八月

目　录

图表目录

图目录

表目录

1

前　言

在这个充满挑战和机遇的智能化时代，我们深感古籍在中华文化传承、学术研究乃至社会发展中的重要价值。古籍数字化，作为科技与历史文化遗产的完美结合，为我们提供了一个全新的视角去观察和研究古籍。本书就是在这个背景下编写而成，旨在为古籍保护工作者提供全面而翔实的古籍数字化知识和指南。

我们深知，古籍的价值远不止于它们的物质形态，更在于其中所蕴含的历史、文化和知识。因此，我们认为深入理解古籍数字化的各个环节是我们重新发现、解读和传承古籍价值的关键。我们希望通过翔实的介绍和深入的讨论，帮助古籍工作者理解古籍的数字化过程以及关键知识获取，从而更好地理解和评估古籍的价值，为古籍文献和知识内容的传承和发扬作出贡献。这也是我们编写本书的主要动机。

古籍数字化在智慧图书馆建设中占有举足轻重的地位。古籍数字化不仅可以将古籍保存在数字的海洋中，防止其因时间和环境的影响而遗失，还可以借助网络让更多人了解和接触到这些珍贵的文化财富。更重要的是，古籍数字化还能够产生丰富的数据、资源和知识，为智慧图书馆的服务提供强大的支撑，如基于人工智能的推荐系统、深度学习的文献分析等。因此，我们期待在实践中为智慧图书馆的建设和发展提供有力的理论和技术支持。

为了更好地满足用户使用需要，本书在编写时遵循两个基本原则：易懂性和实用性。书中尽可能地使用简洁明了的文字，避免过于专业和复杂的术语，使用者即便没有专业背景也能快速理解和掌握古籍数字化和资源标引的基本内容。同时，书中还提供了大量的实例，可以帮助使用者更容易地将理论知识转化为实际操作经验。

本书成书得益于国家图书馆古籍数字化标准小组的支持和贡献。国家古籍保护中心办公室王红蕾、王沛、洪琰、包菊香、史郡，国家图书馆古籍馆刘波，国家图书馆研究院周晨，国家图书馆数字资源部韩新月、梁淳，国家图书馆信息技术部童忠勇，他们作为国家图书馆古籍数字化标准小组的成员，为本书的编写提出了很多宝贵意见，给予了支持和指导，在此一并表示衷心感谢。

本书由龙伟设计内容框架和撰写，并进行最后的统稿、定稿。包菊香、洪琰、周晨、韩新月、梁淳参加了第七章和附录 A 的撰写，史郡参加了附录 B 和附录 F 的撰写。

我们期待本书能够为古籍数字化工作的发展提供新的视角和思路，推动古籍保护和研究工作的进步，为智慧图书馆的建设注入新的动力。同时，我们期待通过读者的反馈和建议，不断完善和改进本书的内容，以使其更好地服务于古籍数字化工作。

让我们携手，共同守护中华宝贵文化遗产，让古籍在数字化的世界中焕发出新的生机和活力。

龙　伟

2023 年 5 月

0　引言

　　针对古籍数字化和知识化工作需求，依据当前图书馆古籍保护、图书馆数字资源加工标准，在把握古籍数据化特点和性质的基础上，从古籍数字化的应用逻辑出发，编写《图书馆古籍数字化资源加工标准规范》，从而规范古籍数字资源建设，达到古籍数字保护的目的，助力古籍保护研究、应用与发展。

　　为推动全国智慧图书馆体系建设，指导智慧图书馆数字资源建设，国家图书馆编制了《智慧图书馆知识资源数据建设指南》。在该指南的指导下，全国各级图书馆开展数字资源建设。为保持图书馆数字资源建设体系的一致性，基于统一规划、统一标准的原则，本书中涉及的古籍数字资源建设所应遵循的标准和指标与《智慧图书馆知识资源数据建设指南》保持一致，不再另行制定规则。

1 范围

本书规定了普通形制古籍的数字化加工内容、技术规格和管理要求。

本书适用于古籍数字化和知识化加工，包括古籍数字化前整理、古籍元数据著录和标引、古籍图像采集、文本转换、数据命名、数据验收、数据保存、数据利用等。

2 规范性引用文件

GB/T 21712—2008 古籍修复技术规范与质量要求

GB/T 22113—2008 印刷技术 印前数据交换 用于图像技术的标签图像文件格式（TIFF/IT）

GB/T 23286.1—2009 文献管理 长期保存的电子文档文件格式 第1部分：PDF 1.4（PDF/A-1）的使用

GB/T 25100—2010 信息与文献 都柏林核心元数据元素集

GB/T 31076.1—2014 汉文古籍特藏藏品定级 第1部分：古籍

GB/T 32010.1—2015 文献管理 可移植文档格式 第1部分：PDF 1.7

WH/T 21—2006 古籍普查规范

WH/T 22—2006 古籍特藏破损定级标准

WH/T 66—2014 古籍元数据规范

ISO/IEC 15444—1：2019 信息技术 JPEG 2000 图像编码系统 第1部分：核心编码系统（Information technology — JPEG 2000 image coding system — Part 1：Core coding system）

3 术语和定义

3.1 古籍

中国古代书籍的简称。主要指 1912 年以前在中国书写或印刷的书籍。其广义范围包括所有具有中国古典装帧形式的汉文书籍。

3.2 数字化

运用信息处理技术将文献转化为计算机可识别、处理的数字信息的过程。

3.3 书叶

按文稿顺序排列的书写、印制的单张纸叶。

3.4 版框

书叶正面图文四边的围栏。

3.5　版心

书叶左右对折的正中、在折叶时取作中缝标准的条状行格。雕版印刷的书籍版心通常印有书名、卷次、叶码，有的还印有一版文字总数、刊刻机构以及刻工姓名等。

3.6　天头

图文或版框上方余幅。

3.7　地脚

图文或版框下方余幅。

3.8　书脑

线装书装订线右边的部分。

3.9　书脊

线装书装订线右边部分的侧立面，也称书背。

3.10　像素

构成数字图像的最小单位。通常用若干不同色彩像素排列而组成的矩阵来表示数字光栅图。

3.11　分辨率

图像中存储的信息量。可以有多种衡量法。

注：图像分辨率决定文件的大小和输出质量。图像分辨率越大，图像文件所占用的磁盘空间也越大，打印或修改图像等操作所需时间也就越多。

图像分辨率以比例关系影响着文件的大小，即文件大小与其图像分辨率的平方成正比关系，图像分辨率也会影响图像在屏幕上显示的大小。

3.12　无损压缩

去掉或减少数据中的冗余，但这些冗余信息可以重新插入数据中。无损冗余压缩是可逆的过程，也称无失真压缩。

注：在彩色的色彩模式下，应采用 LZW 方式对 TIFF 格式的图像文件进行无损压缩。

3.13 有损压缩

允许一定程度的失真，可用于图像、声音、视频等数据的压缩，压缩比可达到几十倍甚至上百倍。有损压缩是不可逆的过程，损失的信息不能再恢复。

3.14 长期保存级

用字母 A 表示，是古籍数字化图像的主文件。用于数字图像的长期保存，可作为格式转换和复制的母本。以不压缩或无损压缩方式存储。

长期保存级数据是对实物进行数字化采集后得到原始文件，通常为 TIFF 格式文件。

3.15 发布服务级

用字母 D 表示，运用压缩转换技术，对长期保存级数据的主文件加工处理后衍生的文件。视数字资源用途、应用场景要求，参照技术指标，进行必要的操作处理。

发布服务级数据是对长期保存级按册次与叶文件进行整理后得到的数据文件，通常为 PDF 格式文件。整理方式包括合函 / 合订的书籍拆分，丛书和子目的书籍拆分，筒子叶图像切分等。

4 古籍数字化工作流程

我国古籍数字化工作由国家图书馆（国家古籍保护中心）协同全国公共图书馆、各省级古籍保护中心、古籍收藏单位共同承担。实施古籍数字化的工作单位按年度编制"数字化书目"方案，经国家图书馆（国家古籍保护中心）复核后，启动年度古籍数字化工作。

古籍数字化项目是在限定的资源及时间范围内按照预设目标完成的一次性任务。每个项目由立项、实施、结项、评价（考核）等环节组成。本书关注的是古籍数字化项目的实施过程，即在一定的可用资源和时间条件下，按时保质完成任务。

古籍数字化项目具体工作包含古籍前整理、古籍基础数据著录、古籍知识数据标引、古籍图像采集、古籍全文加工等，依据数据命名、数据封装、数据保存的规则，完成数据加工和数据保存。项目由国家图书馆（国家古籍保护中心）组织验收；项目成果由国家图书馆（国家古籍保护中心）做永久保存，并向社会公众提供公益性服务。

古籍数字化工作流程见图1。

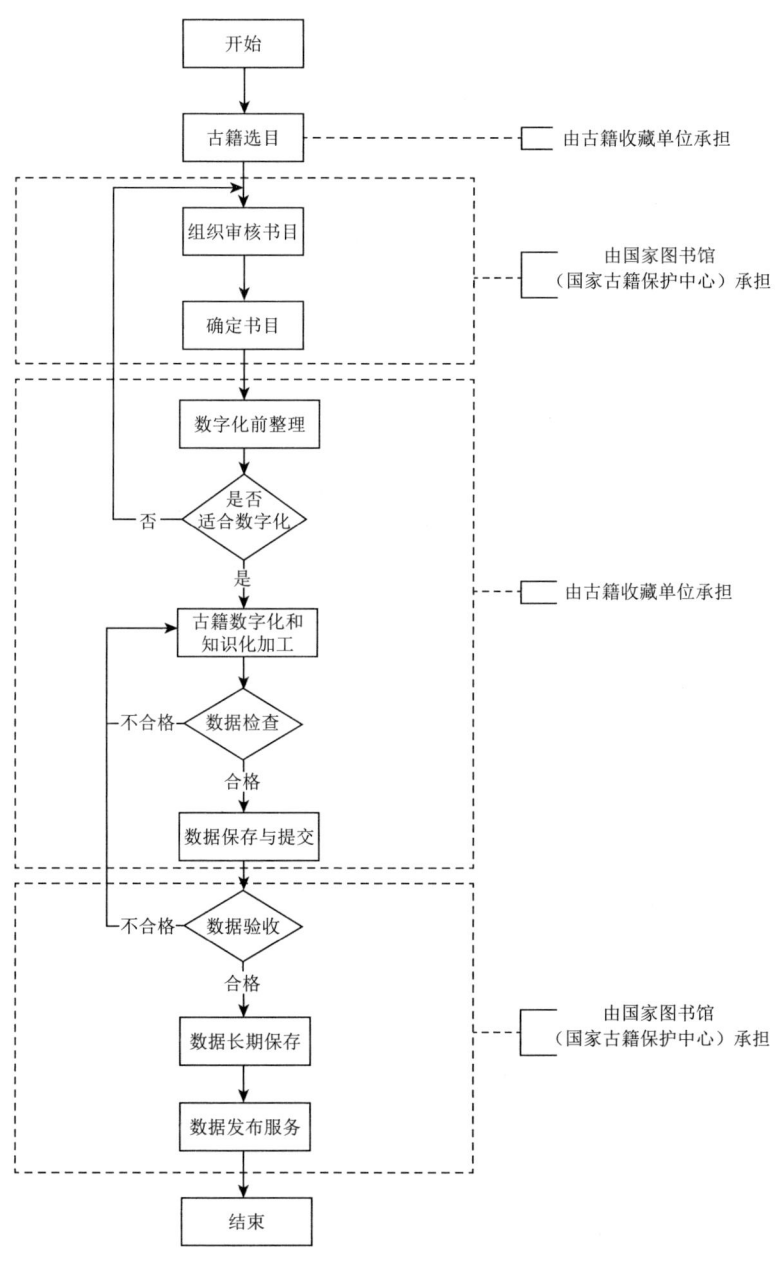

图1 古籍数字化工作流程图

5　古籍数字化加工准备

5.1　古籍藏品出库清点

古籍藏品出库后，要进行初步检查。数字化工作人员按照图书馆古籍库房的规定办理出库手续，在专门人员的监护下送至工作场地暂存。古籍藏品的存放地点、环境温湿度等应符合古籍保护的要求。

数字化工作人员应认真阅读随书提交的出库工作单，对照工作单核对题名、部次、册数，对工作单中标注的缺叶、错叶、重叶以及其他提示要逐一核查。

5.2　书况检查与登记

书况检查是对古籍底本进行逐叶翻检，了解古籍每叶的保存状况，为古籍保护与修复提供依据，为数字化工作的后续环节提供加工要求和操作指示。书况检查时，应详细记录古籍状况，并结合古籍的版本、版式、装帧形式、中缝宽度、透字等情况，确定古籍数字化加工方式，选择适宜的数字化设备。

在书况检查过程中要完全按书叶原貌统计总叶数，并记录古籍的缺叶、漏叶、错叶、重叶、空白叶等情况，注明是否需要补配、去重、变更叶码顺序等，登记扫描或拍摄的叶数，形成较为完整的书况检查记录。书况检查记录将作为数字化加工、质检、标引等后续环节的参考和依据。

5.3 破损古籍修复与处理方式

古籍的修复应依据中华人民共和国国家标准《古籍修复技术规范与质量要求》（GB/T 21712—2008）执行。

普通古籍的修复应由具有相关资质的单位和人员进行，以确保修复质量。

入选《国家珍贵古籍名录》《中国古籍善本书目》的古籍，建议由国家级古籍修复中心组织修复。在进行书况检查时如发现需要修复的古籍，应做好记录，并与负责本地区古籍修复工作的国家级古籍修复中心取得联系，履行相关手续。

古籍修复完成后再进行数字化加工。

5.4 数字化加工设备及配件

5.4.1 扫描设备

建议选择非接触式扫描仪。

设备技术指标：A3 幅面的光学分辨率不低于 600dpi，CCD 感光元件不低于 5000 像素点，色彩位数 24bit 以上。扫描设备为无紫外线的同步冷光源。

5.4.2 数码拍照设备

建议选择全画幅设备。

设备技术指标：数码拍照相机的有效像素 4800 万像素以上。

5.4.3 托稿台

托稿台是古籍采集拍照的操作平台。托稿台应选用经过脱酸处理的材质制作。书籍托架应稳定牢固，能有效保护书脊。托稿台可以借助专门的空气抽提装置或某种液压控制设备，通过调节压平装置的力度，达到控制拍摄物平整度的目的，同时还应不磨损古籍书叶。

5.4.4 背景布置

拍摄或扫描古籍，应利用背景纸来营造比较干净的氛围。背景纸应为单一颜色，不带各种线条和图案，同一部古籍的拍摄背景应保持一致。

若托稿台颜色杂乱，要加衬背景纸遮挡线条和杂物。拍摄背景不宜选用暖色调的丝绒、毛毯作为背景，大片的颜色反光容易使古籍成像偏色。

中灰色纸板，即18%灰板，是一种精确的测光板，是拍摄古籍的最佳背景。在曝光控制中，其表面会产生光的漫反射现象，不会出现光斑。通过18%灰板测到的光线与打在被拍摄物体上的光线是完全相同的。

黑色纸板也是古籍扫描中通常选择的背景。使用黑色纸板做背景时，其与古籍原件的颜色反差较大，有利于突出文献原貌。

5.4.5 采集设备的校正和校正频率

采集设备的校正是对硬件设备问题的预测。扫描仪和数码相机在使用时，其性能会受实际操作设置的影响而产生变化。在数字化项目中，应定期对设备进行校正，以确保扫描仪和数码相机的性能。每次校正完成后，要比较校正前后的数据样例，以衡量设备和软件的校正结果。

建立数字化采集设备的校正基准，至少包括：

- 常见的采样率，如反射扫描分辨率；
- 对于不同伽马值设置的光电转换和噪声特性；
- 照明和图像均匀性。

采集设备可使用厂家提供的软件和设备驱动程序，也可用第三方软件和设备驱动程序。当使用的应用软件、设备驱动程序更新时，采集设备的性能会有一定的改变，因此最好在每次更新后立刻进行硬件设备的校正。

完整的校正过程，旨在量化数字化设备系统的性能。校正工作需日常开展，如有需要也可随时执行，根据设备性能一致性目标，校正工作应每周或在每批古籍原件数字化前进行设置。在每次批量开展古籍数字化工作的开始和结束时均须进行适当的设备校正，以确保整个古籍数字化批次处理的环境一致，从而获得统一的采集精度和图像质量。

6 古籍图像数字化

6.1 古籍页面划分

以线装书为例，古籍页面可划分为筒子叶、半叶、双半叶等。古籍数字化采集时应根据古籍图书的装帧、版面等实际情况，选择叶面类型进行扫描或拍摄。

一部古籍图书除封面和封底外，同一部古籍图像采集的页面类型应保持一致。详见表1。

表 1 古籍图书数字化采集页面类型

页面类型	筒子叶	半叶	双半叶
古籍图像			
结构描述	卷一 ——第一叶 ——第二叶 ——第三叶 …… ——第三十叶	卷一 ——第一叶 A 面 ——第一叶 B 面 ——第二叶 A 面 …… ——第三十叶 B 面	卷一 ——第一面 ——第二面 ——第三面 …… ——第三十面

6.2 数字图像采集指标

6.2.1 图像文件格式类型

图像文件格式的选择对数字图像性能和使用有直接影响，对图像的长期保存和管理也有一定影响。基于数字资源保护政策，要申请什么级别资源的保护服务，一般都会在一个特定格式的基础上进行处理。通常用于数字光栅图像的文件格式的选择在表 2 中列出。表 2 中列出了文件格式的主要特征以及用途。一般来说，这些文件格式都是安全有效的，不会对内容信息保存造成较大的风险。对任何数字化图像项目，都建议对文件格式的潜在寿命和未来应用功能提前做评价，再选择合适的图像文件格式。

表 2 主要图像格式的特征

名称	用途	特征
TIFF	扫描时作为永久保存用的图像。	①可容纳大量的彩色空间和配置。 ②有多种压缩方式。 ③能进行非压缩数据处理。
JPEG 2000	作为保存以及提供服务的图像。	①和 JPEG 相比，能进行更高质量的压缩，包含额外的压缩算法。 ②能进行可逆压缩和不可逆压缩。能够自由设置压缩率。 ③在同一文件内能提供分辨率和压缩率不同的图像。 ④ ISO 标准。
JPEG	作为提供服务用的图像，能够对图像尺寸进行压缩。	①有损压缩，大多数软件允许调节压缩参数。 ②不可逆压缩会造成图片质量下降。 ③不合适的编辑处理会造成图像质量的下降，如 JPEG 文件被多次保存后，会发生累积失真，最终导致图像质量大幅下降。图像文件格式在 3 次保存后，保存、处理再保存的结果，在图像质量上有退化。

续表

名称	用途	主要特征
PDF	作为提供服务用的图像，版本不同，功能可能不同。	①使用数字文档时，不受电脑系统、字体不同的影响。对应格式包含可作为嵌入对象的光栅图像。 ②有著作权保护机能。 ③文件的不同部分可以使用不同的压缩方法，支持多种压缩方案。

6.2.2 古籍数字图像采集参数

6.2.2.1 长期保存级

（1）推荐标准

古籍数字图像长期保存级的推荐标准，以古籍数字图像高质量保存为目的。其加工主要参数及要求如表3所示。

表3 古籍数字图像长期保存级推荐标准

资源级别	载体规格	主要参数					备注
		分辨率（dpi）	色彩位深	格式	短边像素	色调再现	
长期保存级（A）	文献短边≥14.8cm（A5尺寸）	800	RGB24位以上	TIFF（LZW）	不小于4500	ICC配置文件	文献开本小于A5应提高采集分辨率
	文献短边≥21cm（A4尺寸）	600			不小于4800		文献开本大于A4采集分辨率不变

注：若古籍的字体特别小，或者古籍尺寸小于表格内载体规格，应提高扫描分辨率，确保扫描图像的文字、图形可清晰阅读，以满足还原和识别等需求。

（2）最低标准

古籍数字图像长期保存级的最低标准以满足古籍数字图像长期保存要求为目的。其加工主要参数及要求如表4所示。

表4　古籍数字图像长期保存级最低标准

资源级别	载体规格	主要参数					备注
		分辨率（dpi）	色彩位深	格式	短边像素	色调再现	
长期保存级（A）	文献短边≥14.8cm（A5尺寸）	600	RGB 24位以上	TIFF（LZW）	不小于3300	ICC配置文件	文献开本小于A5应提高采集分辨率
	文献短边≥21cm（A4尺寸）	400			不小于3300		文献开本大于A4采集分辨率不变

注：若古籍的字体特别小，或者古籍尺寸小于表格内载体规格，应提高扫描分辨率，确保扫描图像的文字、图形可清晰阅读，以满足还原和识别等需求。

6.2.2.2　发布服务级

古籍数字图像发布服务级标准，用于中华古籍智慧化服务平台的资源服务。其加工主要参数及要求如表5所示。

表5　古籍数字图像发布服务级标准

资源级别	载体规格	主要参数				备注
		分辨率（dpi）	色彩位深	格式	文件大小	
发布服务级别（D）	文献短边≥14.8cm（A5尺寸）	原有分辨率或像素保持不变	RGB 24位	PDF	500KB—2MB	①"原有分辨率"即本书规定的长期保存级采集参数。②建议由无损TIFF格式，通过JPEG 2000设定压缩因子，做有损压缩处理并转换为PDF格式。③PDF格式的双半叶文件大小不大于2MB，半叶文件大小不大于1MB。
	文献短边≥21cm（A4尺寸）	原有分辨率或像素保持不变				

6.3 数字图像采集要求

6.3.1 拍摄环境

古籍数字化环境应注意防护光源，避免透光或反射光的影响。同时，注意光源的合理补充，避免出现图像色彩不均或局部阴影。

6.3.2 采集设备

应注重对采集设备的日常保养和清洁，若玻璃压板出现磨损、划伤或污染应及时处理。

6.3.3 色卡与标尺管理

IT8 标准色彩导表（以下简称色卡）是一种用于颜色校准和色彩管理的工具。它是由国际标准化组织（ISO）制定的一套标准色彩样本。使用色卡可实现古籍文字纸张的色彩还原。在对图像进行后期处理时，可根据色卡照片进行色彩校正，确保色彩准确。

色卡包含标准色块和灰度色阶，有的还配有标尺。色卡尺寸不宜过大，以能与古籍拍摄在同一个画面当中为宜。

使用色卡时，操作人员应该戴手套以保护色卡的清洁度。色卡出现磨损、划伤或污染时应及时更换。

色卡（含标尺）与每册古籍封面一同拍摄时，色卡位置与古籍左侧书角对齐，距离封面左侧 0.1 厘米—1 厘米位置。如果色卡不含标尺，可以使用矩形直角尺作为标尺。标尺应表面平整、无变形，刻度清晰可读，不应有锈蚀、划伤、崩刃等缺陷，标尺的材质应避免接触光源后产生透光或反射光。拍摄时，标尺应放置在距离封面上侧 0.1 厘米—1 厘米的位置处，以尺端 "0" 刻度线作为测量基准，保持尺端与尺边垂直，不要歪斜。

6.3.4　色彩管理

色彩管理（Color Management）是一种控制和维护图像在各种设备上色彩表现一致性的技术。它的实现方式主要依赖于色彩空间（Color Space）和色彩配置文件（ICC Profile）。色彩管理的主要目标是：

（1）确保色彩的一致性。在不同的输入、输出设备（如相机、显示器、打印机等）上实现色彩的统一表现，避免色差问题。

（2）提高图像质量。通过优化色彩转换，达到更真实、更准确的色彩还原，提升图像质量。

（3）提高工作效率。色彩管理有助于减少由于设备之间色彩不匹配导致的对设备的反复调整、校正，节省时间和资源。

色彩管理工作包括扫描拍照设备的色彩校准工作、色彩空间选择、扫描拍照设备的参数设置、数字化操作流程标准化，以及后期处理软件中的色彩管理、色彩校正、输出色彩转换等工作。此外，应定期评估和审查数字化流程中的色彩管理效果，根据实际情况进行优化和改进。通过对比扫描图像与古籍实物的色彩表现，找出色彩偏差的原因，并采取相应措施进行调整。

6.3.5　图像采集

（1）扫描后的图像清晰，数据文件叶码连续，没有重叶、缺叶、错叶、折叶等情况（原书缺叶、错叶除外）。补扫缺叶图像要与同册图像文件的大小尺寸一致，颜色接近。

（2）按 1∶1 比例扫描，叶面外围要求留白，宽度不超过 1 厘米；书叶间距不超过 0.1 厘米。

（3）以原书的上边沿为基准，以中缝为中心线，保持原文献的天头、地脚的尺寸不变，左右两边的尺寸基本不变。图像倾斜角度不大于 0.2 度。

（4）原件表面有其他粘贴物件时，先将原件与粘贴物（即粘贴物覆盖于文献）一起扫描，然后将粘贴物掀开，再次扫描原件。

（5）古籍整理完毕后，需根据古籍实际透字状态添加衬纸。如需要衬纸的地方较多，必要时应分次添加衬纸。

必须注意的是，加垫衬纸不应对古籍造成损坏。加垫衬纸前应先评估古籍的纸张厚度、纸张强度、折叶空隙等情况，选择适宜的衬纸。如果不透字，无需添加衬纸。衬纸应保持整洁，出现污渍、褶皱时要及时更换。

（6）分画幅扫描时，各扫描区域边缘必须留有 2 厘米（含）以上的重复扫描区。

（7）采集图像完整清晰，无扭曲、变形现象发生。数字图像文件用图形图像类软件检查清晰度，确保图像不失真（图像放大至实际尺寸 100%）。

（8）数字图像文件与古籍原件颜色不一致时，应对设备进行色彩校正，重新开展扫描或拍照工作。

6.4 数字图像处理要求

古籍图像化的目的是古籍保护与应用，以有效缓解古籍"藏"与"用"之间的矛盾。从古籍保护的角度考量，图像数据要忠实反映古籍原貌，图像保真是第一位的；而从应用的角度考量，图像数据应满足各类应用的需求，强化图像的特性是第一位的。因此，古籍的数字图像采集要按不同需求生成多种数据格式，这就需要使用不同的图像处理方法。

6.4.1　长期保存级（A）处理内容及要求

长期保存级（A）古籍图像处理应在未改变原扫描或拍照的图像色彩位数、分辨率、像素、格式等情况下进行。

（1）纠偏处理。对出现偏斜的图像进行纠偏处理，对方向不正确的图像进行旋转还原，以符合阅读习惯。

（2）图像剪裁。只允许处理古籍背景纸与拍摄图书外边缘的空白处。古籍原书与背景纸外边缘距离 0.5 厘米—1 厘米。

（3）不能进行锐化或者图像增强处理，不能更改图像的颜色，尽量减少对图像文件的后期处理。

6.4.2　发布服务级（D）处理内容及要求

发布服务级（D）图像处理方式包括图像变换、图像编码、图像增强、图像分割、图像描述、图像识别等。古籍图像要忠实反映古籍的原貌，若使用了不当的图像处理方法，可能造成图像失真或损失古籍影像中蕴含的信息。依据古籍图像处理的理念，结合以往的古籍数字化实践，下面重点讨论图像格式压缩转换、图像裁切、图像拼接等处理方法及其相应要求。

6.4.2.1　格式转换

由长期保存级（A）文件转换为发布服务级（D）文件，即由无损 TIFF 格式按 JPEG 2000 压缩方法，在评估文献的纸张颜色、文字大小、清晰度、排版方式等基础上，选择适宜的压缩因子，做有损压缩处理后转换为 PDF 格式文件。

格式转换后，双半叶古籍文件不大于 2MB，半叶古籍文件不大于 1MB。

6.4.2.2　图像切分

通常古籍图像为双半叶，当需要使用半叶图像时，须进行图像切分处理，即针对 PDF 格式文件进行切分处理。切分图像分辨率不做任何改变，以书脊中线为切分线，将原有的半叶处理为独立的页面。书脊右侧的半叶为页面 A，书脊左侧的半叶为页面 B。图像切分后，古籍版框和文字信息应保持完整，并按命名规则对切分后的图像文件重新命名。

6.4.2.3　图像拼接

超大幅面古籍（如地图）在分拍采集影像后，按需对古籍图像进行拼接处理，即对 PDF 格式文件做拼接处理。拼接时不应对图像分辨率做任何改变，拼接后图像与古籍的原貌应基本一致，无重影，拼接处无明显歪斜变形。拼接后应按命名规则对拼接的图像文件重新命名。

7 古籍元数据著录

7.1 文献整理登记

文献整理是数字化工作的首要环节，为数字化影像采集、元数据著录、数据标引等后续工作提供参考和依据。

7.1.1 登记原则

工作人员检查原书状况，清点文献册数，根据"古籍文献整理登记"项目的内容和要求，客观、准确记录文献存藏状况。

7.1.2 登记内容

古籍文献整理登记项目共 17 项，如表 6 所示。

表 6 古籍文献整理登记项目列表

序号	项目	属性
1	名录号	有则必备
2	普查编号	有则必备
3	索书号	必备
4	题名	必备
5	册数	必备
6	总叶数	必备
7	开本尺寸	必备

续表

序号	项目	属性
8	透字（有无）	有则必备
9	夹框（有无）	有则必备
10	夹字（有无）	有则必备
11	皱褶（总数量及位置）	有则必备
12	缺叶（总数量及位置）	有则必备
13	残叶（总数量及位置）	有则必备
14	签条（总数量及位置）	有则必备
15	夹纸（总数量及位置）	有则必备
16	登记人员（单位）	必备
17	登记日期	必备

7.2 古籍基本元数据

本部分著录规则为著录汉文古籍而制定，旨在全面、准确地反映我国汉文古籍的存藏现状。本书古籍基本元数据著录遵循《古籍元数据规范》（WH/T 66—2014），并根据古籍知识内容具体应用进行本地扩展。

7.2.1 著录总则

7.2.1.1 著录对象

本部分的著录对象为以古籍原物为来源的古籍数字资源，也包含古籍原物。

7.2.1.2 著录单位

古籍元数据的著录单位分为两个级别：①以每种古籍原物（或其

对应的古籍数字资源）的每个藏本为基本著录单位。②以每种古籍原物的每个版印为基本著录单位。著录时可根据具体情况及需求选取著录单位的级别。

这里所说的"种"，既包括内容上能够独立存在的一组数字资源对象，也包括内容上不宜分割的一个数字资源对象。

7.2.1.3　著录用文字和数字

古籍著录应使用规范的繁体汉字。中国少数民族文字古籍可参照此规则使用汉字著录。

"题名"元素中的卷数、"日期"元素中的年号纪年应使用汉文数字著录；其他如数量、开本尺寸和公元纪年等数字均用阿拉伯数字著录。

7.2.2　扩展原则

（1）现有元数据标准中，如果没有恰当的元素可供复用，允许自行扩展元素。

（2）自行扩展的元素不能和已有的元素有任何语义上的重复。

（3）扩展的修饰词必须遵循向上兼容的原则，即修饰词在语义上不能超出被修饰词（元素）的语义。

（4）新增加的元素和修饰词应优先采用 DCMI（Dublin Core Metadata Initiative，都柏林核心元数据倡议）中的元素和修饰词，或者是现有其他元数据标准中的元素和修饰词。

（5）新增元素如果复用来自其他元数据标准的元素和修饰词，必须说明来源，使用时严格遵循其语义。

7.2.3　著录项目

需要著录的古籍基本元数据共有 17 个元素，部分元素之下又有若干元素修饰词，详见表 7。

表 7　古籍基本元数据著录项目列表

元素	元素修饰词	编码体系修饰词	属性
标识符			必备，不可重复
	加工记录标识号		必备，不可重复
	国家珍贵古籍名录号		有则必备，不可重复
	古籍普查登记编号		有则必备，不可重复
	书目记录标识号		有则必备，不可重复
题名			必备，可重复
	并列题名		有则必备，可重复
	其他题名		有则必备，可重复
	题名出处		有则必备，可重复
主要责任者			有则必备，可重复
	责任者说明		有则必备，可重复
	责任方式		有则必备，可重复
其他责任者			有则必备，可重复
	责任者说明		有则必备，可重复
	责任方式		有则必备，可重复
版本			有则必备，不可重复
	版本类型		必备，不可重复
	版本补配		有则必备，不可重复
出版者			有则必备，可重复
	出版地		有则必备，可重复
	出版方式		有则必备，可重复
	印刷者		有则必备，不可重复
	印刷地		有则必备，不可重复
	印刷方式		有则必备，不可重复
日期			有则必备，可重复
		公元纪年	有则必备，可重复
		年号纪年	有则必备，可重复
	出版日期		有则必备，可重复
	印刷日期		有则必备，不可重复

元素	元素修饰词	编码体系修饰词	属性
载体形态			必备，可重复
	装帧形式		必备，可重复
	数量		必备，不可重复
	开本尺寸		可选，可重复
	图表		可选，可重复
	附件		可选，可重复
附注			有则必备，可重复
	责任者附注		可选，可重复
	残存附注		有则必备，不可重复
	缺字附注		可选，可重复
	丛书附注		有则必备，不可重复
	合订附注		有则必备，不可重复
	版框尺寸		可选，可重复
	版式		可选，可重复
	提要		可选，可重复
收藏历史			可选，可重复
	批校题跋者		有则必备，可重复
	批校题跋者说明		有则必备，可重复
	批校题跋方式		有则必备，可重复
文献保护			可选，可重复
	文物级别		可选，不可重复
	破损级别		可选，不可重复
馆藏信息			有则必备，可重复
	收藏单位		必备，不可重复
	索书号		有则必备，可重复

续表

元素	元素修饰词	编码体系修饰词	属性
相关资源			可选，可重复
	丛书题名		有则必备，不可重复
	丛书链接		有则必备，不可重复
	子目题名		有则必备，可重复
	子目链接		有则必备，可重复
	合订题名		有则必备，可重复
	合订链接		有则必备，可重复
主题			可选，可重复
		中国分类主题词表（CCT）	可选，可重复
		四部分类法（FDC）	可选，可重复
语种			必备，可重复
权限			有则必备，可重复
文献类型			必备，可重复

7.2.4 元数据描述

古籍基本元数据可通过名称、出处、标签、定义、注释、术语类型、限定、元素修饰词、编码体系应用于、编码体系修饰词、必备性、可重复性12个属性及说明项目进行描述。各元素及修饰词的著录细则详见附录 A。

7.3 结构数据

本部分标引对象为整理后的 PDF 文件目录结构，包括品种层、子目层（有则必备）、册目录、册内文件数量。

7.3.1　标引原则

（1）准确记录古籍原书各册信息以及各册与古籍图像的对应关系。

（2）古籍数字资源按子目拆分或者合订拆分时，按实际拆分结果记录古籍书册信息以及与古籍图像的对应关系。

7.3.2　标引项目

古籍分册保存结构数据的标引项目及属性如表 8 所示。

表 8　古籍分册保存结构数据标引项目列表

序号	项目	属性
1	加工记录标识号	必备，不可重复
2	内部序号	必备，不可重复
3	册名称	必备，不可重复
4	册号	必备，可重复
5	册内文件数	必备，可重复

7.3.3　标引项目说明

7.3.3.1　加工记录标识号

古籍基本元数据的加工记录标识号与古籍数字资源的加工唯一标识号一致，作用于古籍元数据和对象数据的关联。应填写正确，以免链接错误。

7.3.3.2　内部序号

即标引数据的内部顺序号。数据类型为数字型，每条记录从 1 开始编号。

7.3.3.3　册名称

古籍册次名称，自拟每册名称。名称包含册顺序号，并用括号括注该册古籍的起讫卷次信息，如"第一册（卷首上、卷首下）""第二册（卷一至二）"等。

7.3.3.4 册号

古籍图像文件按"册"保存的文件目录名称，数据类型为数字型，为4位阿拉伯数字，如"0001""0002"等。

7.3.3.5 册内文件数

古籍册文件目录内的全部图像文件的数量。数据类型为数字型，用阿拉伯数字表示。

7.4 卷目篇名数据

本部分标引对象为整理后的 PDF 各级目录和文件。

7.4.1 标引规则

（1）卷目篇名数据是每部古籍数字资源的分卷和篇名信息，用于可供检索的数据内容。如果加工的古籍是丛书，应先将丛书拆分为子目，再对每个子目做卷目篇名数据。

古籍图书目录、类名、篇名具有多层次、多样化的特点，标引时很多细节难以把握且不宜硬性规定其取舍。因此，标引人员应从用户的角度分析判断，做到在实际使用中方便、合理。

（2）卷目篇名的细粒度标引能够指导使用者更为高效地使用古籍资源，可以将古籍卷次、卷名和篇名、作者等作为检索条件进行查询，同时也可以引导读者翻阅古籍，方便快捷地获取所需内容。因此在数据标引工作中应做到准确、客观。

● 准确性要求：标引词（古籍目录中的卷号、卷名、篇名）与标引对象（图像文件的文件名）指向正确。古籍文献中存在较多的错字、别字、异体字，故录入标引词时要兼顾字义、字音、字形诸因素。难以确定的文字应结合与该字相配的词组，分析比较词意，取用表意准确的字进行标引。难以确定或使用现有字库无法录入的文字，可选择描述的方式，具体可参见《汉语文古籍机读目录格式使用手册》[①]中393字段"系统外字附注"的相关规定。

● 客观性要求：客观性是指古籍图像数据标引必须来源于古籍文献，不加入标引人员的看法和观点。实际工作中，在不影响标引客观性的前提下，可以对标引数据进行必要的规范化处理。目录类名与正文类名不一致时，以正文为准。卷名、篇名、篇作者等信息一律取自正文，原书目录（总目、分卷目等）作为参考。

（3）古籍原书有目录，可以参考目录中的分卷分篇层级进行标引。每部古籍第一条记录取自"古籍基本元数据"的"题名"项。第二条起按古籍原书实际内容顺序客观标引。

（4）古籍原书无目录，但有卷级信息，按书内正文客观标引；古籍原书无目录，且无卷级信息，第一条标引记录取自"古籍基本元数据"的"题名"项，第二条标引"题名"项+"正文"。

7.4.2　标引项目

古籍卷目篇名数据标引项目及属性如表9所示。

表9　古籍卷目篇名数据标引项目列表

序号	项目	属性
1	加工记录标识号	必备，不可重复
2	内部序号	必备，不可重复
3	层级号	必备，可重复

[①]　中国国家图书馆.汉语文古籍机读目录格式使用手册［M］.北京：北京图书馆出版社，2001.

续表

序号	项目	属性
4	卷名篇名	必备，可重复
5	作者	有则必备，可重复
6	册号	必备，可重复
7	叶码	必备，可重复

7.4.3 标引项目说明

7.4.3.1 加工记录标识号

古籍数字资源的加工记录标识号，作用于古籍元数据和对象数据的关联，应填写正确，以免链接错误。一部古籍有且仅有一个加工记录标识号，各种数据类型使用加工记录标识号时应保持一致。

7.4.3.2 内部序号

一部古籍卷目篇名的标引内部顺序号。每个加工记录标识号下的标引记录从 1 开始编号。

7.4.3.3 层级号

表示一个加工记录标识号下的各级卷目篇目之间的层级关系。书名为 1 级，卷目层级为 2 级。同一级别卷目，属于并列关系，可重复使用"层级号"。卷内为包含关系的层级，从 2 级起，按序号递加方式标引。

【示例】

层级号	卷名篇名
1	增補傷寒六書
2	陶節庵傷寒六書序
2	新鐫陶節庵家藏秘授傷寒六書卷之一

层级号	卷名篇名
3	傷寒瑣言
4	辯張仲景傷寒論
4	治傷寒用藥大略
4	傷寒言證不言病
4	厥分寒熱辯

7.4.3.4　卷名篇名

古籍总目、分卷目、正文中的分卷名称和卷内篇目名称，包括卷号、卷名和篇名。

标引时按照层级填写加工古籍的卷名篇名信息。如果古籍原书有目录，可以参考目录中的分卷分篇层级进行标引。若古籍原书无目录，卷名篇名信息一律取自原书正文。原书目录中的卷名、篇名、篇作者与正文不一致时，以正文为准。

每部古籍标引的第 1 级，填写该书古籍基本元数据的"题名"项，即题名卷数。

每部加工古籍的第 2 级，根据书内实际情况标引。如果正文前后有序、跋、目录等内容，若单独成卷，则单独列出，如"首一卷""末一卷""目録二卷"等；若未单独成卷，则依次逐一标引。正文部分则按其卷端所题标引。如果原书有相应名称，则卷名客观原样标引；如果原书无相应名称，则只标引卷次。

如果原书卷端有大小题，即既有书名卷次信息，又有卷名，则大小题之间用 1 个汉字空格间隔，如"漢書一　高紀第一上""漢書一　高紀第一下""漢書二　惠紀第二"等。

如果原书卷端有编号，如道藏、大藏经的千字文帙号，也可以一起标引，与前面的卷名篇名之间用 1 个汉字空格间隔，如"進靈子

表 颠一""鬻子卷下 颠二"等。

每部加工古籍的第 3 级，根据书内实际情况标引卷内篇名信息。有的内容并非篇名，但有助于读者定位阅读，也可以列出，如后人所作批校题跋，再如内封、牌记等。

一部古籍有多卷，其中部分卷有 1 个篇名，部分卷有多个篇名，则统一将篇名作为卷的下一层级，保持全书的层级一致。如果仅存一卷且仅有 1 个篇名，可以将卷名、篇名写在一起，中间用 1 个汉字空格间隔，作为同一层级。

7.4.3.5　作者

即古籍总目、分卷目、正文中的分卷和卷内篇名的作者。有多名作者的客观标引。

著录序、跋及篇名对应的责任者，格式为"（朝代 / 国别）责任者姓名"，如"（宋）程颐"。如果责任者有多个，责任者之间用逗号间隔，如"（唐）韩愈，（宋）陆佃"。批校题跋的责任者，已在古籍基本元数据"批校题跋项"中著录，在这里做相同标引。

7.4.3.6　册号

古籍图像文件按"册"保存的文件目录名称，数据类型为数字型，为 4 位阿拉伯数字，如"0001""0002"等。该项填写卷名篇名对应的图像文件所在册文件目录名称。

7.4.3.7　叶码

每条标引对象所在"册号"目录内的文件名称，为方便处理，此处仅填写文件名中的"流水号"，不用补齐位数。有以下两种标引方式：

①双半叶文件，填写实际数字，如"2""5"等。

②半叶文件，填写实际数字和字母，如"2A""2B"等。

7.5　示例

7.5.1　【示例1】名录号00199（以半叶古籍图像标引为例）

程朱二先生周易傳義：十卷　上下篇義：一卷（宋）程頤撰，周易五贊：一卷（宋）朱熹撰。6册。加工记录标识号为010113020230011，卷目篇目标引数据如下：

加工记录 标识号	内部 序号	层级 号	卷名篇名	篇作者	册号	叶码
010113020230011	1	1	程朱二先生周易傳義：十卷上下篇義一卷易圖集錄一卷	（宋）程頤	0001	1
010113020230011	2	2	易序		0001	2B
010113020230011	3	2	上下篇義一卷		0001	4B
010113020230011	4	2	周易五贊		0001	7B
010113020230011	5	3	原象		0001	7B
010113020230011	6	3	述旨		0001	8A
010113020230011	7	3	明筮		0001	8B
010113020230011	8	3	稽類		0001	9B
010113020230011	9	3	警學		0001	9B
010113020230011	10	2	易圖集錄一卷		0001	10B
010113020230011	11	3	河圖		0001	10B
010113020230011	12	3	洛書		0001	11A
010113020230011	13	3	伏羲八卦次序		0001	11B

加工记录 标识号	内部 序号	层级 号	卷名篇名	篇作者	册号	叶码
010113020230011	14	3	伏羲八卦方位		0001	12A
010113020230011	15	3	伏羲六十四卦次序		0001	12B
010113020230011	16	3	伏羲六十四卦方位		0001	13B
010113020230011	17	3	文王八卦次序		0001	14B
010113020230011	18	3	文王八卦方位		0001	15A
010113020230011	19	3	卦變圖		0001	15B
010113020230011	20	2	程朱二先生周易上經傳義卷之一		0001	19B
010113020230011	21	2	程朱二先生周易上經傳義卷之二		0002	1B
010113020230011	22	2	程朱二先生周易上經傳義卷之三		0002	21B
010113020230011	23	2	程朱二先生周易上經傳義卷之四		0003	1B
010113020230011	24	2	程朱二先生周易下經傳義卷之五		0003	20B
010113020230011	25	2	周易下經程朱傳義卷之六		0004	1B
010113020230011	26	2	周易下經程朱傳義卷之七		0005	1B
010113020230011	27	2	周易下經程朱傳義卷之八		0005	27B
010113020230011	28	2	周易繫辭程朱傳義卷之九		0006	1B
010113020230011	29	2	周易程朱傳義卷之十		0006	22B

7.5.2 【示例2】名录号01209（以双半叶古籍图像标引为例）

增注東萊呂成公古文關鍵：二十卷（宋）呂祖謙輯；（宋）蔡文子注。4册。加工记录标识号为010113020230013，第1册的卷目篇目标引数据如下：

加工记录标识号	内部序号	层级号	卷名篇名	篇作者	册号	叶码
010113020230013	1	1	增注東萊呂成公古文關鍵：二十卷		0001	1
010113020230013	2	2	卷之一增注東萊呂成公古文關鍵目録		0001	1
010113020230013	3	2	增注東萊呂成公古文關鍵卷之二		0001	6
010113020230013	4	3	韓昌黎文		0001	6
010113020230013	5	4	獲麟解	（唐）韓愈	0001	6
010113020230013	6	4	師説	（唐）韓愈	0001	7
010113020230013	7	4	諫臣論	（唐）韓愈	0001	8
010113020230013	8	4	重答張籍書	（唐）韓愈	0001	11
010113020230013	9	4	與孟簡尚書書	（唐）韓愈	0001	13
010113020230013	10	2	增注東萊呂成公古文關鍵卷之三		0001	15
010113020230013	11	3	韓昌黎文		0001	15
010113020230013	12	4	原道	（唐）韓愈	0001	15
010113020230013	13	4	原人	（唐）韓愈	0001	18
010113020230013	14	4	辯諱	（唐）韓愈	0001	19

续表

加工记录标识号	内部序号	层级号	卷名篇名	篇作者	册号	叶码
010113020230013	15	4	雜说	（唐）韓愈	0001	20
010113020230013	16	4	答陳生書	（唐）韓愈	0001	21
010113020230013	17	4	答陳商書	（唐）韓愈	0001	22
010113020230013	18	2	增注東萊呂成公古文關鍵卷之四		0001	23
010113020230013	19	3	韓昌黎文		0001	23
010113020230013	20	4	送王含秀才序	（唐）韓愈	0001	23
010113020230013	21	4	送文暢師序	（唐）韓愈	0001	24
010113020230013	22	3	柳文		0001	25
010113020230013	23	4	晋文公問守原議	（唐）柳宗元	0001	25
010113020230013	24	4	封建論	（唐）柳宗元	0001	26
010113020230013	25	4	種樹郭橐駝傳	（唐）柳宗元	0001	31
010113020230013			……			

7.5.3 【示例3】名录号08191（以半叶古籍图像标引为例）

新刊五子書二十卷，加工记录标识号为010113020230014，做一条基本元数据；其下5个子目（鬻子二卷、子華子十卷、尹文子二卷、公孫龍子三卷、鶡冠子三卷）分别做5条基本元数据，加工记录标识号分别为010113020230014 0001至010113020230014 0005，丛书记录010113020230014不做标引，各子目记录的卷目篇目数据如下所示。

7.5.3.1　子目一：鬻子二卷

加工记录 标识号	内部 序号	层级 号	卷名篇名	篇作者	册号	叶码
0101130202300140001	1	1	鬻子：二卷	（唐） 逢行珪	0001	1
0101130202300140001	2	2	新刊五子書序	（明） 楊一清	0001	2B
0101130202300140001	3	2	進鬻子表　顛一		0001	5B
0101130202300140001	4	2	鬻子序		0001	7B
0101130202300140001	5	2	鬻子卷上		0001	9B
0101130202300140001	6	3	撰吏五帝三王傳政 乙第五		0001	9B
0101130202300140001	7	3	大道文王問第八		0001	10B
0101130202300140001	8	3	貴道五帝三王周政 乙第五		0001	11A
0101130202300140001	9	3	守道五帝三王周政 甲第四		0001	12B
0101130202300140001	10	3	撰吏五帝三王傳政 乙第三		0001	13A
0101130202300140001	11	2	鬻子卷下　顛二		0001	14B
0101130202300140001	12	3	曲阜魯周公政甲第 十四		0001	14B
0101130202300140001	13	3	道符五帝三王傳政 甲第二		0001	15A
0101130202300140001	14	3	數始五帝治天下第 七		0001	15B
0101130202300140001	15	3	禹政第六		0001	16A
0101130202300140001	16	3	湯政天下至紂第七		0001	16B
0101130202300140001	17	3	上禹政第六		0001	17A

续表

加工记录 标识号	内部 序号	层级 号	卷名篇名	篇作者	册号	叶码
0101130202300140001	18	3	道符五帝三王傳政甲第五		0001	17B
0101130202300140001	19	3	湯政湯治天下理第七		0001	19A
0101130202300140001	20	3	慎誅魯周公第六		0001	20A

7.5.3.2 子目二：子華子十卷

加工记录 标识号	内部 序号	层级 号	卷名篇名	篇作者	册号	叶码
0101130202300140002	1	1	子華子：十卷		0001	1B
0101130202300140002	2	2	子華子序　顛三	（漢）劉向	0001	1B
0101130202300140002	3	2	子華子卷之一（二同卷）		0001	3B
0101130202300140002	4	3	陽城胥渠問		0001	3B
0101130202300140002	5	2	子華子卷之二		0001	10B
0101130202300140002	6	3	孔子贈		0001	10B
0101130202300140002	7	2	子華子卷之三（四同卷）　顛四		0001	16B
0101130202300140002	8	3	北宮子仕		0001	16B
0101130202300140002	9	2	子華子卷之四		0001	21B
0101130202300140002	10	3	虎會問		0001	21B
0101130202300140002	11	2	子華子卷之五（六同卷）　顛五		0001	27B
0101130202300140002	12	3	晏子		0001	27B
0101130202300140002	13	2	子華子卷之六		0001	33B
0101130202300140002	14	3	晏子問黨		0001	33B
0101130202300140002	15	2	子華子卷之七（八同卷）　顛六		0001	39B

加工记录 标识号	内部 序号	层级 号	卷名篇名	篇作者	册号	叶码
010113020230014O002	16	3	执中		0001	39B
010113020230014O002	17	2	子華子卷之八		0001	44B
010113020230014O002	18	3	大道		0001	44B
010113020230014O002	19	2	子華子卷之九（十 同卷）顏七		0001	50B
010113020230014O002	20	3	北宮意問		0001	50B
010113020230014O002	21	2	子華子卷之十		0001	57A
010113020230014O002	22	3	神氣		0001	57A

7.5.3.3 子目三：尹文子二卷

加工记录 标识号	内部 序号	层级 号	卷名篇名	篇作者	册号	叶码
010113020230014O003	1	1	尹文子：二卷		0001	1B
010113020230014O003	2	2	尹文子序　顏 八	（三國魏） 山陽仲長氏	0001	1B
010113020230014O003	3	2	尹文子卷上		0001	2B
010113020230014O003	4	3	大道上		0001	2B
010113020230014O003	5	2	尹文子卷下		0001	13B
010113020230014O003	6	3	大道下		0001	13B

7.5.3.4 子目四：公孫龍子三卷

加工记录 标识号	内部 序号	层级 号	卷名篇名	篇作者	册号	叶码
010113020230014O004	1	1	公孫龍子：三 卷		0001	1
010113020230014O004	2	2	公孫龍子卷上 三		0001	2B
010113020230014O004	3	3	迹府第一		0001	2B

续表

加工记录 标识号	内部 序号	层级 号	卷名篇名	篇作者	册号	叶码
0101130202300140004	4	3	白馬論第二		0001	6A
0101130202300140004	5	2	公孫龍子卷中		0001	10B
0101130202300140004	6	3	指物論第三		0001	10B
0101130202300140004	7	3	通變論第四		0001	12A
0101130202300140004	8	2	公孫龍子卷下		0001	16B
0101130202300140004	9	3	堅白論第五		0001	16B
0101130202300140004	10	3	名實論第六		0001	20A

7.5.3.5 子目五：鶡冠子三卷

加工记录 标识号	内部 序号	层级 号	卷名篇名	篇作者	册号	叶码
0101130202300140005	1	1	鶡冠子：三卷		0001	1B
0101130202300140005	2	2	鶡冠子序	（唐）韓愈， （宋）陸佃	0001	1B
0101130202300140005	3	2	鶡冠子卷上		0001	2B
0101130202300140005	4	3	博選第一		0001	2B
0101130202300140005	5	3	著希第二		0001	4A
0101130202300140005	6	3	夜行第三		0001	5B
0101130202300140005	7	3	天則第四		0001	6B
010113020230014_0005	8	3	環流第五		0001	13A
0101130202300140005	9	3	道端第六		0001	17A
0101130202300140005	10	3	近迭第七		0001	21A
0101130202300140005	11	2	鶡冠子卷 中 顛十一		0001	25B
0101130202300140005	12	3	度萬第八		0001	25B
0101130202300140005	13	3	王鈇第九		0001	30B
0101130202300140005	14	3	泰鴻第十		0001	40B

加工记录 标识号	内部 序号	层级 号	卷名篇名	篇作者	册号	叶码
0101130202300140005	15	3	泰録第十一		0001	46B
0101130202300140005	16	2	鶡冠子卷下 顛十二		0001	50B
0101130202300140005	17	3	世兵第十二		0001	50B
0101130202300140005	18	3	備知第十三		0001	55A
0101130202300140005	19	3	兵政第十四		0001	57B
0101130202300140005	20	3	學問第十五		0001	59A
0101130202300140005	21	3	世賢第十六		0001	61A
0101130202300140005	22	3	天權第十七		0001	63A
0101130202300140005	23	3	能天第十八		0001	68B
0101130202300140005	24	3	武靈王第十九		0001	72A

7.6 外字信息处理

本部分标引对象为整理后的 PDF 各级目录和文件。

7.6.1 标引原则

古籍的外字信息，每个外字填写一行。

7.6.2 标引项目

系统字符集以外的古籍用字要在古籍外字表中详细标引，标引项目如表 10 所示。

表 10　古籍外字表标引项目列表

序号	项目	属性
1	加工记录标识号	必备，不可重复
2	内部序号	必备，不可重复
3	外字	必备，可重复
4	描述	必备，可重复
5	位置	必备，可重复

7.6.3　标引项目说明

7.6.3.1　加工记录标识号

古籍基本元数据的加工记录标识号与古籍数字资源的加工唯一标识号一致，作用于古籍基本元数据和对象数据的关联。应填写正确，以免链接错误。

7.6.3.2　内部序号

即标引数据的内部顺序号。数据类型为数字型，每条记录从 1 开始编号。

7.6.3.3　外字

描述外字的结构及组成部分。具体可参见《汉语文古籍机读目录格式使用手册》中 393 字段"系统外字附注"的外字描述方法进行描述。

7.6.3.4　描述

补充说明该字字形及拼音等信息，如"淘 – 氵"表示"淘"字去掉左边三点水、"澄（氵→扌）"表示"澄"字左边三点水更换为提手旁，等等。

7.6.3.5　位置

该外字所在整部书的册号和图像文件位置。册号、叶码之间以"\"间隔，如"0001\0018A"（表示在第 1 册第 18 叶 A 面）。

8 古籍全文文本转换

8.1 文本数据转换

文本资源是以字符、符号、词、短语、段落、句子或者其他字符排列形成的数据，用于表达意义，基本上来自用户使用的自然语言或者人工语言的知识内容。

文本资源可以有一定的逻辑结构。一部古籍的信息可以由题名、前序、卷、篇、后序等组织而成。

● 文本数据分为结构化数据和非结构化数据。本书采用非结构化文本数据制作，按照古籍文本内容的逻辑顺序进行录入，强调字符、数字和各种可打印符号的准确性和完整性，可以忽略版式信息，如分栏的文本以单元格或栏目顺序为单位进行录入，而不是逐行录入。

● 不需转换的空白页。为保持古籍内容完整性和页面连贯性，正文中空白页需保留，并按照命名规则正确命名，内容标注为"［＝此叶为空白叶页＝]"。

● 由图像文件逐页进行文本转换，生成单版 TXT 文件，文件名与对应图像文件名一致。

8.2 文本资源整合

8.2.1 元数据获得方式

文本资源的元数据可通过自动挂接、外部引入、人工编制等方式获得。

8.2.1.1 自动挂接

文本资源加工平台通过开放接口自动关联元数据系统，按照一定规则获取相关元数据。在这一过程中应记录元数据获取源，并作为"来源"信息补充到元数据集合中。

8.2.1.2 外部引入

通过外部引入方式来获取元数据。针对图书馆和古籍保存机构已有的编目数据，如图书馆书目数据、元数据表单、普查数据表单等，按照一定规则与文本数字对象建立关系，可引入文本数字对象中，也可以建立外部关系，放在文本数字对象的外部。

8.2.1.3 人工编制

由工作人员通过编目平台制作元数据。根据古籍对象数据、实体馆藏信息等，由编目人员完成规定著录元素的制作。这一过程主要包括添加制作描述元数据、结构数据、卷篇标引数据和管理元数据等内容。

8.2.2 文本资源封装

文本资源封装，即针对由被保存内容及其相关的元数据组成的信息包所进行的整合操作。

封装内容包括内容信息（文本资源对象和表现信息）、封装信息（信息包的组成部分的关联信息）、元数据信息（描述信息、结构信息、卷篇标引）、说明文件信息等。

8.3 文本质量管理

8.3.1 质量控制

文本数据加工应加强控制各个流程及中间数据的质量，以最好的状态进入每一步工作流程，保证最终数据文件具有良好的质量。

文本数据加工时，应确保加工后的文本数据与古籍原典图像的版面、文字、段落等都保持一致。对文本数据转换中每一个工作环节的把握和控制，都是为保障文本数据的质量。文本数据制作过程中，质量把控分为三个阶段：

（1）流程实验，包括数据样本制作、样本验证以及软件调试。选择少量文献源进行实验性数据加工，制作样本数据，用来核准技术标准、加工方案和工作流程的合理性以及加工软件的可用性。

（2）过程管理。在文本数据加工过程中要对每个环节都进行质量监督控制。通常每个批次数据加工完成后，都要按比例抽检或全检。如数据检查未达到质量要求，则整批数据需返工，只有该批数据通过质检才可进入下一流程。

（3）数据质量检查。可以使用各种定量的测试方法对文本数据进行检查，此外可配合使用文本数据检测工具以提高文本数据检查工作效率。文本数据检查项目包括元数据、对象数据、数据关系等。

8.3.2 质量要求

文本数据质量应达到以下要求：

（1）文本数据具备唯一标识符。

（2）文本数据内容应忠实于原典文献，完整有序。

（3）元数据著录项目完整，著录信息准确。

（4）集外字处理。对于集外字或现有字库中无法显示的汉字，应建立"集外字表"，以详细填写该字的描述信息。

描述方法是：在等号"="左边，用符号"**=**"表示缺字；在等号"="右边方括号"[　]"内，用规定的形式、符号和文字来描述缺字，并在其后的圆括号"（）"内注明汉语拼音读音。具体可参见国家图书馆编《汉语文古籍机读目录格式使用手册》中393字段"系统外字附注"的相关规定。

（5）文本数据与基本元数据、结构数据、标引数据、说明文件等各类数据，具有关联关系且著录无误。

（6）文件格式与编码著录无误。

（7）文本数据的字符、符号等信息的综合错误率不超过1‰，推荐采用0.3‰的综合错误率指标要求，以满足知识标注和知识单元提取的需求。

9　纯文本文件 XML 结构

纯本文 XML 由四部分组成，包括文件头、古籍基本元数据、结构数据、卷目篇名数据，使用 fileheader（文件头）、metadata（古籍基本元数据）、structure（结构数据）、catalog（卷目篇名数据）等标签。

一部书有一个 XML 文件。

9.1　文件头

文件头是对纯文本 XML 的整体内容说明和创建、修改、发布等过程的描述，一般包括文件名、版本、语言、字符集、文件大小、内容摘要、文件创建信息、文件修改信息、文件发布信息、联系方式、版权信息、备注等。

9.2　基本元数据

古籍基本元数据的中文标签及 XML 标签名如表 11 所示。

表 11　古籍基本元数据（metadata）XML 标签及数据类型说明表

标签中文名称			XML 标签名	类型
标识符			identifier	字符串
	加工记录标识号		bookID	字符串

标签中文名称		XML 标签名	类型
	国家珍贵古籍名录号	directoryNumber	字符串
	古籍普查登记编号	censusNumber	字符串
	书目记录标识号	recordID	字符串
题名		title	字符串
	并列题名	parallelTitle	字符串
	其他题名	otherTitle	字符串
	题名出处	titleOrigin	字符串
主要责任者		creator	字符串
	责任者说明	statementOfResponsiblePerson	字符串
	著作方式	role	字符串
其他责任者		contributor	字符串
	责任者说明	statementOfResponsiblePerson	字符串
	著作方式	role	字符串
版本		edition	字符串
	版本类型	editionType	字符串
	版本补配	editionSupplement	字符串
出版者		publisher	字符串
	出版地	placeOfPublication	字符串
	出版方式	publishingMethod	字符串
	印刷者	printer	字符串
	印刷地	placeOfPrinting	字符串
	印刷方式	printingMethod	字符串

标签中文名称			XML 标签名	类型
日期			date	字符串
		公元纪年	GregorianCalendar	字符串
		年号纪年	ChineseCalendar	字符串
	出版日期		issued	字符串
	印刷日期		printed	字符串
载体形态			physicalDescription	字符串
	装帧形式		binding	字符串
	数量		quantity	字符串
	开本尺寸		dimension	字符串
	图表		chart	字符串
	附件		accompanyingMaterial	字符串
附注			description	字符串
	责任者附注		creatorDescription	字符串
	残存附注		inventoryShortageVolume	字符串
	缺字附注		missingCharacters	字符串
	丛书附注		seriesDescription	字符串
	合订附注		boundDescription	字符串
	版框尺寸		frameSize	字符串
	版式		paragraphFormat	字符串
	提要		abstract	字符串
收藏历史			provenance	字符串
	批校题跋者		inscriptionWriter	字符串
	批校题跋者说明		writerStat	字符串
	批校题跋方式		inscriptionRole	字符串

标签中文名称			XML 标签名	类型
文献保护			ancientBookPreservation	字符串
	文物级别		culturalRelicsLevel	字符串
	破损级别		damageLevel	字符串
馆藏信息			location	字符串
	收藏单位		collectionUnit	字符串
	索书号		callNumber	字符串
相关资源			relation	字符串
	丛书		series	字符串
	丛书链接		seriesLink	字符串
	子目		sub-series	字符串
	子目链接		sub-seriesLink	字符串
	合订书名		boundWith	字符串
	合订链接		boundWithLink	字符串
主题			subject	字符串
		中国分类主题词表	CCT	字符串
		四部分类法	FDC	字符串
语种			language	字符串
权限			rights	字符串
文献类型			type	字符串

9.3 结构数据

古籍分册保存结构数据的中文标签及XML标签如表12所示。

表 12 古籍结构数据（structure）XML 标签及数据类型说明表

标签中文名称	XML 标签名	类型
加工记录标识号	bookID	字符串
内部序号	internalSequenceNumber	非负整数
册名称	volumeTitle	字符串
册号	volumeName	字符串
册内文件数	fileNumber	非负整数

9.4 卷目篇名数据

古籍分卷及篇名数据的中文标签及XML标签如表13所示。

表 13 古籍卷目篇名数据（catalog）XML 标签及属性说明表

标签中文名称	XML 标签名	类型
加工记录标识号	bookID	字符串
内部序号	internalSequenceNumber	非负整数
层级号	levelNumber	非负整数
卷名篇名	volumeTitleAndArticleTitle	字符串
作者	articleAuthor	字符串
册号	volumeName	字符串
叶码	page	字符串

10　丛书和合函 / 合订处理

10.1　丛书款目著录

10.1.1　著录原则

古籍丛书著录一条古籍基本元数据。

10.1.2　著录项目

按表 7 "古籍基本元数据著录项目列表"所列元素和元素修饰词著录。

10.2　丛书子目著录

10.2.1　著录原则

丛书的子目进行子目拆分。拆分后，每个子目著录一条古籍基本元数据。

丛书与子目之间通过元素"相关资源"的元素修饰词"丛书链接"或"子目链接"互相连接。

已单独流传、单独编目的丛书零种仅著录一条古籍基本元数据，并在元素"附注"的元素修饰词"丛书附注"项著录其所属的丛书题名。

10.2.2　著录项目

按表 7 "古籍基本元数据著录项目列表"所列元素和元素修饰词著录。

10.3　古籍不同版本的合函合订著录

10.3.1　著录原则

不同版本合函／合订的古籍在拆分版本前先著录一条合函／合订的古籍基本元数据。元素"题名"按几种著作题名卷数的拼接方式著录。元素"版本"著录第一种著作的版本，其他著作版本信息著录在元素"附注"中。

合函／合订古籍按版本不同情况拆分后著录多条古籍基本元数据，即有几种版本就著录几条数据记录，并在元素"附注"的元素修饰词"合订附注"项著录合订情况。

不同版本古籍与合函／合订之间通过元素"相关资源"的元素修饰词"合订链接"字段互相连接。

10.3.2　著录项目

按表 7 "古籍基本元数据著录项目列表"所列元素和元素修饰词著录。

10.4　图像数据处理

古籍丛书按子目或合函／合订按不同版本完成著录后，应继续进行对应图像数据的拆分和组合整理。

本部分工作只针对发布服务级（D）PDF 数据做如下处理：

（1）每个子目有独立的加工记录标识号。

（2）图像数据拆分。

当多部子目出现在同一图书册次中，应将图像文件拆分至相应的子目文件夹下。数据拆分后，每部子目为独立完整的一部图书。如果丛书子目实体有多册，则应建立多个册次文件目录，即每部子目数字图像保存在多个册文件目录内。册次文件目录数量与图书子目实体册数相同。

（3）图像数据合并。

针对同一子目跨册和跨卷刊刻的情况，应将图像数据合并到同一子目文件目录下。图像数据合并后形成独立完整的一部图书。

（4）合函／合订按不同版本拆分后形成多部图书，应先给每部图书一个独立的加工记录标识号。图像数据拆分、图像数据合并的整理，与子目数据整理工作相同。

11 质量要求

11.1 总体要求

古籍数字化成果要确保古籍信息内容的完整性和准确性，即古籍数据著录字段完整，标引内容准确，图像文件与古籍原版信息、位置保持一致。须严格按照 ISO 9001 质量管理体系的要求进行操作，并且在每批数据加工前，详细了解古籍图书的保存现状，明确加工内容范围和数据质量要求，制定操作规范，按照标准和技术要求开展工作。

质量检查是古籍数字化工作的重要环节，应以全面检查的方式开展，必要时还应设立数据多检制度。数据检查的范围包括各类型数据，并应达到以下各项技术指标与要求。

11.2 元数据著录和标引要求

（1）遵照 XML1.0 规范，使用 UTF-8 编码方式、Unicode5.0 字符集。

（2）著录信息应严格按照文献实际内容进行客观著录，标引词与标引对象文件应正确链接，确保实用性。卷目、篇目层级和名称正确，链接正确。文字错误率不超过 0.3‰。

11.3 数字图像质量要求

11.3.1 检查项目

（1）将图像文件（各种格式）放大到1:1状态，逐叶检查。检查文件的明暗度、对比度以及是否有透光、彩点、彩线、黑边、污点、歪斜、模糊（马赛克等）以及图像倾斜、压字、折角、异物、透字、漏字、扭曲变形等情况。

（2）图像采集过程中有无缺叶、倒叶、漏号、重号、错号等不规范现象。

（3）检查书叶图像的完整度。发现文件漏扫时应及时补扫并在正确位置插入图像文件。

（4）检查图像叶码是否连续，不得跳叶。

（5）加工数据以文献册次为单位，检查对应的各类标引数据是否完整、准确。

（6）检查扫描（拍照）图像所对应的文献载体规格和相关参数指标。

（7）按照命名规则，检查目录、文件、数据库、文档、介质等名称是否正确。

（8）检查各类说明、统计、验收等文档是否齐全。

（9）确保所有文件保存位置正确，可以有效打开和显示。

11.3.2 质量标准

（1）图像完整性100%正确。不能丢失、错位。

（2）图像歪斜、压缩转换等综合错误率不超过1‰。

11.4 全文转换质量要求

全文转换质量要求如下：

（1）文本数据的文字、版式、符号、段落顺序等信息的综合错误率不超过 1‰，推荐采用 0.3‰的综合错误率指标要求，以满足知识标注和知识单元提取的需求。

（2）文本数据文件与发布服务级 PDF 格式文件应一一对应，叶面连续，不得跳号，不丢失文件。错误率为 0。

（3）双层 PDF 的数据要完整，无缺页、重页、页码顺序颠倒等情况发生。PDF 图像文件与识别文字对齐偏差不可错行。

12 数据命名规则

12.1 加工记录标识号

12.1.1 按古籍品种分配加工记录标识号

古籍文献加工记录标识号是数字化加工过程中每部古籍的唯一标识号。一般情况下，每部古籍图书目录结构分为2层，包括函文件夹和册文件夹。函文件夹用加工记录标识号来命名，册文件夹用册次流水号来命名。古籍叶文件保存在册文件夹下。

当古籍是合函/合订情况时，先按版本进行拆分，再为不同版本分配加工记录标识号。

加工记录标识号共15位数字，由4段组成：机构代码，资源类型，项目建设年，品种加工流水号。加工记录标识号各段之间不加任何连接符。具体如下：

- 机构代码：4位。由国家图书馆（国家古籍保护中心）统一分配。
- 资源类型代码：3位。

参见《智慧图书馆知识资源数据建设指南：资源类型代码表》，古籍资源代码为130。

- 项目建设年：4位。
- 品种加工流水号：4位。

【示例】

国家图书馆　古籍　2023年加工　第一部古籍

12.1.2　按古籍丛书分配加工记录标识号

同"古籍品种分配加工记录标识号"分配规则。

【示例】

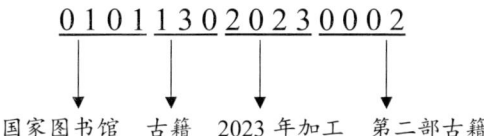

国家图书馆　古籍　2023年加工　第二部古籍

12.1.3　按子目分配加工记录标识号

为更好地表达古籍丛书和子目的关系，在古籍丛书加工记录标识号15位的基础上增加"子目加工流水号"。

子目加工记录标识号由5段组成：机构代码，资源类型，项目建设年，品种加工流水号，子目加工流水号。子目加工记录标识号各段之间不加任何连接符。具体如下：

● 机构代码：4位。由国家图书馆（国家古籍保护中心）统一分配。

● 资源类型代码：3位。

参见《智慧图书馆知识资源数据建设指南：资源类型代码表》，古籍资源代码为130。

● 项目建设年：4位。

● 品种加工流水号：4位。

● 子目加工流水号：4 位。

【示例】

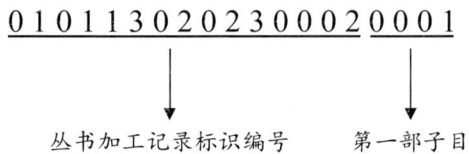

010113020230002 0001

丛书加工记录标识编号　　　第一部子目

12.2 文件目录命名

12.2.1 单本古籍

数据保存目录由两个层级结构组成：

第一级目录名称为加工记录标识号。

第二级目录名称为古籍册次。每部古籍有多册实体，每一册命名为 4 位数字，从 0001 开始，依次按流水号命名。

此存储结构适用于 TIFF 格式和 PDF 格式的文件目录。

【示例】

御製圓明園詩（清刻本） 4 册　國家圖書館藏

```
010113020230001 ....................... 一级目录
                0001 ........... 二级目录
                0002
                0003
                0004
```

12.2.2　丛书古籍

12.2.2.1　丛书款目文件目录

数据保存目录由两个层级结构组成：

第一级目录名称为丛书加工记录标识号。

第二级目录名称为古籍册次。每部古籍有多册实体，每一册命名为 4 位数字，从 0001 开始，依次按流水号命名。

此存储结构只适用于 TIFF 格式的文件目录。

【示例】

二十四史三千二百五十卷（清乾隆武英殿本）711 册　國家圖書館藏

```
010113020230002 ······················ 一级目录
                    0 0 0 1 ············ 二级目录
                    0 0 0 2
                    0 0 0 3
                    ······
                    0 7 1 1
```

12.2.2.2　丛书子目文件目录

数据保存目录由三个层级结构组成：

第一级目录名称为丛书加工记录标识号。

第二级目录名称为子目记录加工标识号，即"丛书"加工记录标识号＋子目顺序流水号。子目顺序流水号为 4 位数字，从 0001 开始，依次按流水号命名。

第三级目录名称为子目册次。子目对应实体古籍的册次，每一册命名为 4 位数字，从 0001 开始，依次按流水号命名。

当子目跨册时应进行数据拆分，目录名称为：丛书加工记录标识号＋子目顺序流水号＋册次，其中从 0001 开始建立"册次"文件目录。例如，第 4 种子目存在于古籍第二册和第三册中，拆分后文件分两个目录保存，分别是：丛书加工记录标识号 +0004+0001、丛书加工记录标识号 +0004+0002；第 5 种子目也存于古籍的第三册中，则拆分后的文件目录名为：丛书加工记录标识号 +0005+0001。

此存储结构只适用于 PDF 格式的文件目录。

【示例】

二十四史三千二百五十卷（清乾隆武英殿本）國家圖書館藏　包含 24 部子目：（1）史記一百三十卷；（2）前漢書一百卷；（3）後漢書九十卷；（4）三國志六十五卷；（5）晋書一百三十卷；（6）宋書一百卷；（7）南齊書五十九卷；（8）梁書五十六卷；（9）陳書三十六卷；（10）魏書一百十四卷；（11）北齊書五十卷；（12）周書五十卷；（13）南史八十卷；（14）北史一百卷；（15）隋書八十五卷；（16）舊唐書二百卷；（17）唐書二百二十五卷；（18）舊五代史一百五十卷；（19）五代史七十四卷；（20）宋史四百九十六卷目錄三卷；（21）遼史一百十六卷；（22）金史一百三十五卷；（23）元史二百十卷目錄二卷；（24）明史三百三十二卷目錄四卷。

其中，第 24 部子目《明史三百三十二卷目錄四卷》有 112 册。

0101130202300002 ·· 一级目录	
0101130202300020001 ························· 二级目录	
······	
0101130202300020024	
0001 ············· 三级目录	
0002	
······	
0112	

12.3　文件命名

12.3.1　长期保存级

古籍原件，以册为单位进行数字化，从古籍封面、前护、正文、后护、封底等依次加工。古籍原件的扫描或拍照，页面类型可选择筒子叶、双半叶方式，也可选择半叶方式。选择不同的页面类型，文件命名规则不同。

12.3.1.1　双半叶或筒子叶

古籍每叶（TIFF 格式）文件名由 4 位数字组成，从 0001 开始，按流水号顺序递加命名文件。

【示例】

表 14　双半叶或筒子叶文件命名方式

	文件命名	图像
封面图像	0001.tif	

续表

	文件命名	图像
内叶图像	0017.tif	

12.3.1.2　半叶

图像（TIFF 格式）文件名为 4 位数字 + 1 位大写字母。其中，数字从 0001 开始，古籍封面命名为 0001，后以流水号递加顺序命名文件；大写字母，古籍书脊右侧的半叶命名为 A，书脊左侧的半叶命名为 B。

【示例】

表 15　半叶文件命名方式

	文件命名	图像
古籍第 6 叶 A 面	0006A.tif	

文件命名		图像
古籍第 6 叶 B 面	0006B.tif	

12.3.2　特殊处理

　　古籍原件有粘贴物、浮签、夹条等，采取一叶多拍方式处理。扫描时先将粘贴物平铺于当前拍（即粘贴物覆盖于古籍文献）扫描一拍，然后将粘贴物掀开，再次扫描当前拍。掀开粘贴物不得改变原固定方式。

　　特殊处理的图像文件命名方式如下：

　　（1）双半叶或筒子叶

　　图像文件名为：4 位数字 + 1 位小写字母。其中，数字为原件内容的顺序流水号；小写字母，从 a 开始，顺序命名。

　　（2）半叶

　　图像文件名为：4 位数字 + 1 位小写字母 + 1 位大写字母。其中，数字为原件内容的顺序流水号；小写字母，从 a 开始，顺序命名；大写字母为古籍半叶命名。

【示例】

　　原件第 8 叶有粘贴签条，先与粘贴物一起扫描，然后将粘贴物掀开，再次扫描。两个图像文件分别命名。

表 16　特殊处理图像文件命名方式

	文件命名	图像
附有签条的书叶	0008.tif	
签条掀开后的书叶	0008a.tif	

12.3.3　发布服务级

发布服务级（PDF 格式）文件处理工作分两种方式，视应用需要，选择其中之一。

12.3.3.1　双半叶（筒子叶）PDF 文件

由 TIFF 主文件转换获得，文件名不变，文件后缀名为 pdf。

分拍采集图像应先做拼接处理，再重新命名拼接文件。

以古籍双半叶采集为例，古籍封面与色卡为一拍，封面背后与内容页面为一拍，按双半叶扫描，以此类推进行图像采集，直至封底最后一拍。古籍封面为 0001.pdf，第二拍图像名 0002.pdf、第三拍图像名 0003.pdf，按流水号顺序递加命名图像文件，直至古籍图书封底。若古籍分拍采集，如第 20 叶分两拍采集，其图像 TIFF 文件分别命名为

0020_01.tif、0020_02.tif，拼接合并处理后，文件命名为 0020.pdf。

12.3.3.2 半叶 PDF 文件

（1）切分处理

对古籍双半叶进行图像切分。以古籍书脊中线为切分线，将古籍图像原有叶面切分为两个独立的古籍图像。书脊右侧的半叶命名为 A，书脊左侧的半叶命名为 B。

半叶文件名由 4 位数字 +1 位字母组成，数字部分从 0001 开始，按流水号递加顺序命名文件。

以古籍双半叶图像为例，图像切分后的文件命名方式为：古籍封面为 0001.pdf，第二拍图像切分后命名为 0002A.pdf、0002B.pdf，第三拍图像切分后命名为 0003A.pdf、0003B.pdf，古籍封底命名不变，文件后缀名均为 pdf。

（2）半叶采集文件的处理

文件名命名不变，与 TIFF 格式相同，参见 12.3.1.2 "半叶" 的命名方式。文件后缀名为 pdf。

比如古籍第 6 叶 A 面为 0006A.tif，转换后为 0006A.pdf。

12.3.4 全文文本

全文文本（TXT 格式）文件的命名方式与发布服务级（PDF 格式）文件的命名方式一致，文件后缀名为 txt。

例如：双半叶（筒子叶）图像的 PDF 文件名为 0020.pdf，则对应的全文文本文件的文件名为 0020.txt；半叶图像的 PDF 文件名为 0006A.pdf，则对应的全文文本文件的文件名为 0006A.txt。

12.3.5 XML 文件

每一部古籍都有一个对应的 XML 文件。该文件以每部古籍的加工记录标识号来命名。例如：古籍的加工记录标识号为 XXXX13020230001，则其对应的 XML 文件的文件名为 XXXX13020230001.xml。

12.4 数据命名实例

12.4.1 以《十三经注疏》三百五十三卷（元刻明修本）为例

《十三经注疏》三百五十三卷（元刻明修本）加工记录标识号为 XXXX13020230001，第一册的册号为 0001，第一册第一个图像（一般是封面）的文件名为 0001.tif。

该书 TIFF 文件的目录和文件命名方式为：

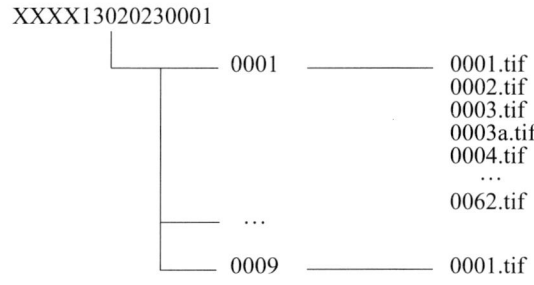

该书 PDF 文件的目录和文件命名方式分两种。

（1）双半叶图像的文件目录和文件命名方式

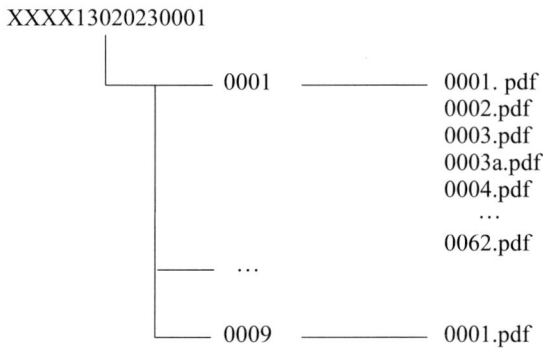

（2）半叶图像的文件目录和文件命名方式

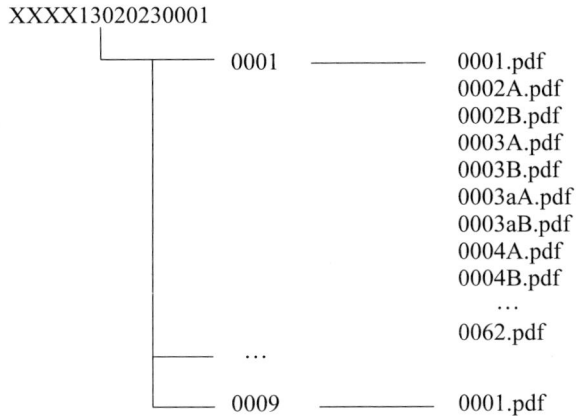

XXXX13020230001

0001 ── 0001.pdf
0002A.pdf
0002B.pdf
0003A.pdf
0003B.pdf
0003aA.pdf
0003aB.pdf
0004A.pdf
0004B.pdf
…
0062.pdf
…
0009 ── 0001.pdf
…

该书的 XML 文件以加工记录标识号来命名，文件名为 XXXX 13020230001.xml。

12.4.2 以《行素草堂金石丛书》十六种（清刻本）为例

《行素草堂金石丛书》十六种（清光绪三年至十七年吴县朱记荣槐庐刻本）40 册，包含多部子目。子目之一，金石三例续编三种（清光绪十一年刻本）4 册，位于丛书第 28 册到 31 册。

丛书加工记录标识为 XXXX13020230003，第 28 册到 31 册文件目录为 XXXX13020230003\0028、XXXX13020230003\0029、XXXX13020 230003\0030、XXXX13020230003\0031。

该部丛书的 TIFF 文件的命名方式为：

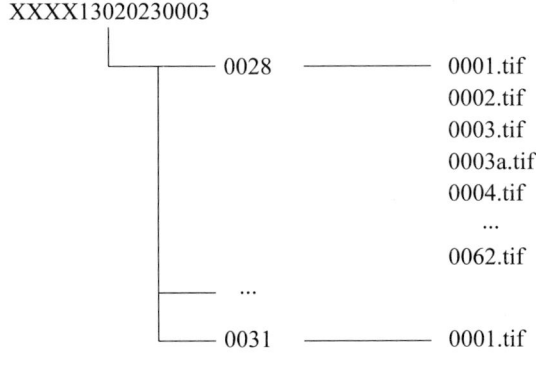

XXXX13020230003

0028 ── 0001.tif
0002.tif
0003.tif
0003a.tif
0004.tif
…
0062.tif
…
0031 ── 0001.tif
…

对该部丛书进行子目拆分后，其 PDF 文件的命名方式（以切分 PDF 文件为例）如下：

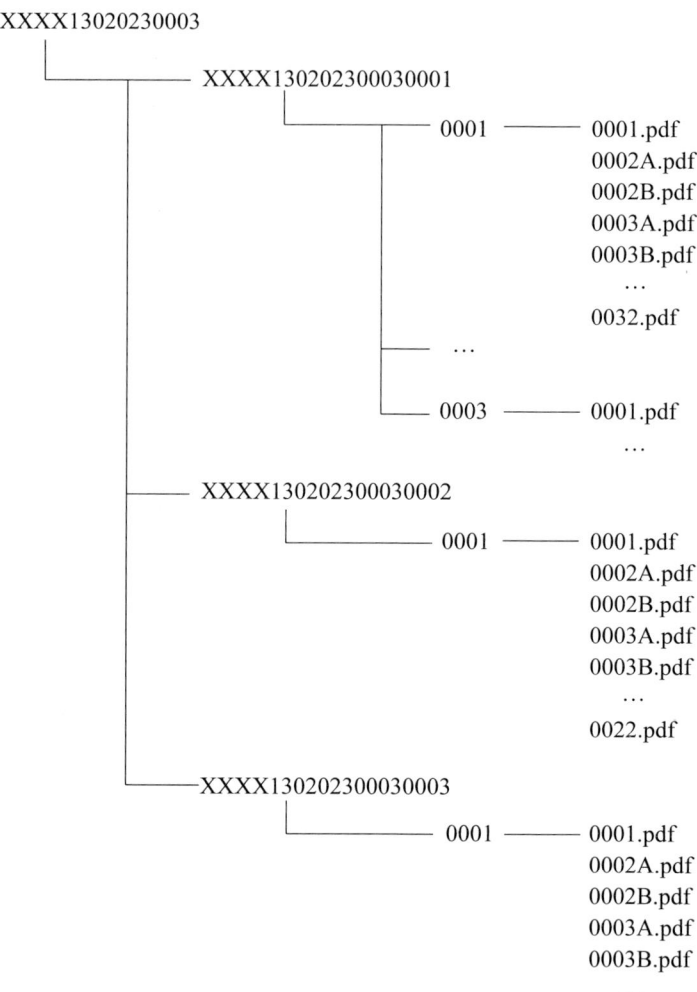

13　文件存储结构

13.1　保存结构和内容

13.1.1　单本古籍

单本古籍图像文件的文件保存目录名称和结构如下所示：

一级目录：加工记录标识号

二级目录：metadata

　　　　　object

　　　　　information

三级目录：对象数据（在 object 目录下建立三个子目录，即 TIFF、PDF、TXT）

四级目录：按图书册次建立的册目录

详见图 2。

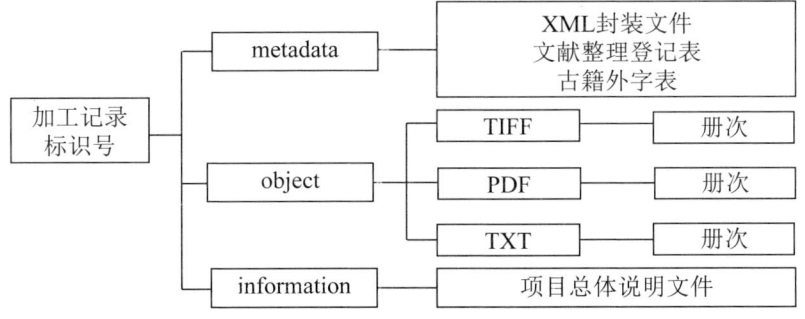

图 2　单本古籍的数据保存结构示意图

13.1.2 丛书古籍

丛书古籍图像文件的文件保存目录名称和结构如下所示。

一级目录：加工记录标识号

二级目录：metadata

object

information

三级目录：对象数据（在 object 下面建立三个子目录，即 TIFF、PDF、TXT）

四级目录：子目加工记录标识号

五级目录：按图书册次建立的册目录

详见图 3。

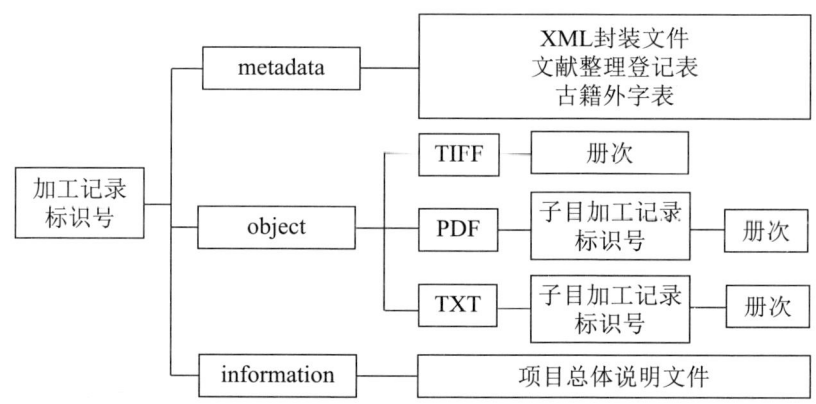

图 3　丛书古籍的数据保存结构示意图

13.2　元数据

元数据保存在 metadata 目录中。

XML 封装文件和文献整理登记表、古籍外字表的存储路径为：

根目录 \ 加工记录标识号 \metadata\

其中，XML 封装文件按照命名规则保存，文献整理登记表和古籍外字表用中文命名保存。

13.3　对象数据

对象数据保存在 object 目录中。

TIFF 文件的存储路径为：

根目录 \ 加工记录标识号 \object\TIFF\ 册次 \

PDF 文件的存储路径为：

根目录 \ 加工记录标识号 \object\PDF\ 册次 \

根目录 \ 加工记录标识号 \object\PDF\ 子目记录加工标识号 \ 册次 \

TXT 文件的存储路径为：

根目录 \ 加工记录标识号 \object\TXT\ 册次 \

根目录 \ 加工记录标识号 \object\TXT\ 子目记录加工标识号 \ 册次 \

13.4　说明文件

项目总体说明保存在 information 目录中。

项目说明文件的存储路径为：

根目录 \ 加工记录标识号 \ information \

14 成果形式

14.1 硬盘保存

古籍数字化数据保存在硬盘上，至少应做两个备份，其中一份提交国家古籍保护中心，一份由古籍存藏机构，即各省级古籍保护中心、古籍收藏单位留存。古籍数字化数据应按本书"12 数据命名规则"的具体要求存储文件。

保存古籍数字化数据所使用的硬盘应符合中华人民共和国国家标准《硬磁盘驱动器通用规范》（GB/T 12628—2008）的要求，容量建议选择 4TB，转速不低于 5400rpm，串行接口。硬盘外壳及包装物符合防潮、防尘、防震要求，配件齐全可用。硬盘使用前采取 NTFS 方式格式化，建议按 1TB—2TB 分区处理。

14.2 成果内容

14.2.1 XML 文件

XML 文件内容包括古籍基本元数据、结构数据、卷目篇名。

14.2.2 对象数据

长期保存级和发布服务级数据，包括 TIFF 格式文件、PDF 格式文件、TXT 格式文件。

14.2.3　文献整理登记表和外字表

文献整理登记表和外字表通常使用表格软件填写。

文献整理登记表的内容包括：名录号、普查编号、索书号、题名、册数、总叶数、开本尺寸、透字、夹框、夹字、皱褶、缺叶、残叶、签条、夹纸、登记人员、登记日期。

外字表的内容包括：加工记录标识号、内部序号、外字、描述、位置。

14.2.4　数据说明文件

项目各类数据的总体说明文件通常使用表格软件填写。

总体说明文件的内容包括：项目建设年、单位名称、记录标识号、古籍书名、TIFF 格式文件数量、PDF 格式文件数量、TXT 格式文件数量、备注说明（存储介质情况以及特殊情况说明）。

14.3　成果提交

全国各省级古籍保护中心以及各级古籍保护收藏单位与国家图书馆（国家古籍保护中心）办理交接手续，填写《古籍数字资源提交单》，将其与数据、存储介质一并提交国家图书馆（国家古籍保护中心）。国家图书馆（国家古籍保护中心）对接收数据进行初审，核查数据类型、数量以及提交单内容，确认无误后签字接收。

《古籍数字资源提交单》一式两份，国家图书馆（国家古籍保护中心）作为资源接收单位，各省级古籍保护中心以及各级古籍保护收藏单位作为资源提交单位，双方各留存一份。

15　数据验收

15.1　验收方式

国家图书馆（国家古籍保护中心）承担项目数据终验工作。针对数据准确性、结构合理性、内容完整性、文件可读性等方面，工作人员应采取通检和抽样结合的检查方式进行数据验收工作。依据提交数据的质量确定抽检样本数，由验收人员随机抽选。完成验收后，国家图书馆（国家古籍保护中心）提交数据验收报告，并交付资源提交单位。

15.2　送检数据验收标准

（1）送检数据与《古籍数字资源提交单》的内容一致，各种格式数据和数据说明文件一一对应，不夹杂无关文件。

（2）各种标引、说明文件的文字、符号、版式、位置等信息准确，综合错误率不超过 0.3‰。

（3）图像数据的扫描方式、扫描规格、文件格式、文件命名方式、图像处理、压缩方式等达到要求，综合错误率不超过 1‰。

（4）全文文本文件的文件格式、文件命名方式、内容编码、文字识别等达到质量要求，综合差错率不超过 1‰。

（5）成品数据中古籍图像完整无缺失，备份数量、保存介质命名、数据存放方式、数据内容等符合规范要求，且各类型保存介质内无坏死文件、不携带病毒，错误率为 0。

（6）达到验收标准的数据视为合格，在规定错误率范围内检查出的数据问题由资源提交单位进行修正；超出错误率、未达到验收标准的数据由资源提交单位对全部提交数据进行整改、重新数字化等返工处理。

16 权益与责任

古籍数字化成果的应用是公益性质的，面向社会免费开放，可提供读者检索、阅览、研究、利用等服务。商业开发、出版、销售和数字发布古籍数字化成果的，应与古籍收藏机构另行签署协议。

参考文献

［1］全国图书馆标准化技术委员会.古籍元数据规范：WH/T 66–2014［S］.北京：国家图书馆出版社，2015.

［2］李致忠，李国庆.《中华古籍总目》五部分类表及类分释例［J］.古籍保护研究，2018.

［3］肖禹.古籍文本数据格式比较研究［M］.上海：上海远东出版社，2017.

［4］中国国家图书馆.汉语文古籍机读目录格式使用手册［M］.北京：北京图书馆出版社，2001.

［5］肖珑，申晓娟.国家图书馆元数据应用总则规范汇编［M］.北京：国家图书馆出版社，2011.

［6］肖珑，苏品红，刘大军.国家图书馆古籍元数据规范与著录规则［M］.北京：国家图书馆出版社，2014.

［7］徐周亚，龙伟.国家图书馆对象数字资源管理规范［M］.北京：国家图书馆出版社，2013.

［8］国家图书馆.智慧图书馆知识资源数据建设指南［Z］.北京：国家图书馆，2021.

［9］XML Schema［EB/OL］.［2023–05–06］.http：//www.w3.org/2001/XMLSchema.

附录 A 古籍基本元数据著录规则

本著录规则为著录汉文古籍而制定，旨在全面、准确地反映我国汉文古籍的存藏现状。

本著录规则遵循《古籍元数据规范》（WH/T 66—2014），以"国家数字图书馆工程标准规范项目"研制成果《国家图书馆古籍元数据标准》为指导进行编制，是从事古籍基本元数据著录工作时需要遵守的具体规则。

1 标识符

名称：identifier

出处：古籍元数据规范（WH/T 66—2014）

标签：标识符

定义：古籍数字资源在一定体系下的唯一标识。

术语类型：元素

元素修饰词：加工记录标识号，国家珍贵古籍名录号，古籍普查登记编号，书目记录标识号

必备性：必备

可重复性：不可重复

示例：

题名：新刻洗冤录：二卷

标识符：010113020230001

1.1　加工记录标识号

名称：book identifier

出处：国家古籍保护中心

标签：加工记录标识号

定义：数字化加工过程中赋予一部古籍的唯一标识号。

注释：子目加工记录标识号为丛编加工记录标识号后加 4 位序号数字，按子目实际顺序分配。

术语类型：元素修饰词

限定：标识符（identifier）

必备性：必备

可重复性：不可重复

示例 1：

题名：資治通鑒綱目：五十九卷，首一卷

加工记录标识号：160113020230001

示例 2：

丛书题名：皇清經解續編：二百九種一千四百三十卷

子目题名：釋服：二卷

加工记录标识号（丛书）：010113020230014

加工记录标识号（子目）：0101130202300140005

1.2　国家珍贵古籍名录号

名称：directory number

出处：国家古籍保护中心

标签：国家珍贵古籍名录号

定义：古籍在《国家珍贵古籍名录》中被赋予的编号。

术语类型：元素修饰词

限定：标识符（identifier）

必备性：有则必备

可重复性：不可重复

示例：

题名：詩外傳：十卷

国家珍贵古籍名录号：00233

1.3　古籍普查登记编号

名称：census number

出处：古籍普查规范（WH/T 21—2006）

标签：古籍普查登记编号

定义：古籍在收藏单位《古籍普查登记目录》中被赋予的普查登记编号。

术语类型：元素修饰词

限定：标识符（identifier）

必备性：有则必备

可重复性：不可重复

示例：

题名：詩外傳：十卷

古籍普查登记编号：110000-0101-0008981

1.4　书目记录标识号

名称：record identifier

出处：国家古籍保护中心

标签：书目记录标识号

定义：古籍在该收藏单位书目系统或联机公共检索目录（OPAC）中的系统号。

术语类型：元素修饰词

限定：标识符（identifier）

必备性：有则必备

可重复性：不可重复

示例：

题名：詩外傳：十卷

书目记录标识号：002839940

馆藏信息：國家圖書館南區善本閱覽室

1.5　著录说明

1.5.1　加工记录标识号的著录

（1）加工记录标识号是数字化加工过程中一部古籍的唯一标识号。加工记录标识号一般为 15 位阿拉伯数字，由 4 段组成：机构代码，资源类型代码，项目建设年，品种加工流水号。加工记录标识号各段之间不加任何连接符。其中：机构代码：4 位，由国家图书馆（国家古籍保护中心）统一分配；资源类型代码：3 位，古籍资源代码为 130，参见《智慧图书馆知识资源数据建设指南：资源类型代码表》；项目建设年：4 位；品种加工流水号：4 位，不足 4 位以 0 补齐。

（2）丛编古籍加工记录标识号分配规则同"品种"加工记录标识号。子目加工记录标识号在丛编古籍加工记录标识号 15 位的基础上增加"子目加工流水号"。子目加工记录标识号由 5 段组成：机构代码，资源类型，项目建设年，品种加工流水号，子目加工流水号。子目加工记录标识号各段之间不加任何连接符。其中：机构代码：4 位，由国家图书馆（国家古籍保护中心）统一分配；资源类型代码：3 位，古籍资源代码为 130，参见《智慧图书馆知识资源数据建设指南：资源类型代码表》；项目建设年：4 位。品种加工流水号：4 位，不足 4 位以 0 补齐；子目加工流水号：4 位，按子目的实际顺序分配子目的加工记录标识号，不足 4 位以 0 补齐。

（3）加工记录标识号是古籍基本元数据之间及与结构数据、卷目篇目数据的关联字段，填写时务必准确，以免出现挂接错误。

1.5.2　国家珍贵古籍名录号的著录

国家珍贵古籍名录号是加工古籍入选第一批至第六批《国家珍贵古籍名录》的编号，为 5 位阿拉伯数字，不足 5 位以 0 补齐，如"00001"。

1.5.3　古籍普查登记编号的著录

加工古籍在该收藏单位《古籍普查登记目录》中的普查登记编号，格式为"省级行政区划代码（6 位阿拉伯数字）－单位代码（4 位阿拉伯数字）－流水号（7 位阿拉伯数字）"。如果加工古籍尚未分配普查登记编号，此字段留空。

1.5.4　书目记录标识号的著录

加工古籍在该收藏单位编目系统或 OPAC 中的系统 ID 号。通常系统 ID 号应与书目数据 001 字段号相同。

2　题名

名称：title

出处：古籍元数据规范（WH/T 66—2014）

标签：题名

定义：古籍资源的名称。

注释：正题名以及题名说明文字著录于此。

术语类型：元素

元素修饰词：并列题名，其他题名，题名出处

必备性：必备

可重复性：可重复

示例 1：

题名：楊氏易傳：二十卷

示例 2：

题名：資治通鑒：二百九十四卷，附釋文辨誤十二卷

示例 3：

国家珍贵古籍名录号：00199

题名：程朱二先生周易傳義：十卷

题名：上下篇義：一卷

题名：易圖集録：一卷

2.1　并列题名

名称：并列题名

出处：古籍元数据规范（WH/T 66—2014）

标签：parallel title

定义：与正题名相对应的另一种语言文字的题名。

术语类型：元素修饰词

限定：题名（title）

必备性：有则必备

可重复性：可重复

示例：

题名：觀物博异：八卷

并列题名：The universe or the infinitely great and the infinitely little

2.2 其他题名

名称：其他题名

出处：古籍元数据规范（WH/T 66—2014）

标签：other title

定义：所著录古籍或其他文献中所题的与正题名等不同的题名。

注释：即不同于正题名、并列题名的题名。

术语类型：元素修饰词

限定：题名（title）

必备性：有则必备

可重复性：可重复

示例 1：

题名：梁溪先生文集：一百八十卷，附録一卷

其他题名：梁溪全集

题名出处：書籤题"梁溪全集"

示例 2：

题名：漢魏六朝百三名家集

其他题名：漢魏六朝一百三家集

题名出处：目録题"漢魏六朝一百三家集"

2.3 题名出处

名称：title origin

出处：国家古籍保护中心

标签：题名出处

定义：对古籍其他题名来源的说明。

注释：此项说明古籍题名的著录依据，包括正题名取自非首选信息源的说明，如"版心""内封""書衣""書根""某卷卷端"等。

术语类型：元素修饰词

限定：题名（title）

必备性：有则必备

可重复性：可重复

示例：

题名：梁溪先生文集：一百八十卷，附录一卷

题名出处：書籤题"梁溪先生文集：一百八十卷，附録一卷"

2.4　著录说明

2.4.1　题名首选信息源为正文首卷卷端，其次为其他各卷卷端、各卷卷末、内封、版心、书衣书签、目录、序跋、凡例，以及书中其他部分。丛书著录以总目录为首选信息源。

2.4.2　题名的著录

（1）正题名及其说明文字（如卷数）等著录于此字段。

（2）正题名一般依正文首卷卷端所题著录。正文各卷卷端题名不同时，一般依最先出现的卷端所题著录，其他各卷卷端所题的不同题名著录在"其他题名"字段。

（3）正文首卷卷端未题题名，或所题题名不能代表全书，应从规定信息源的其他部分如版心、内封、书衣等处选择适当的题名作为正题名著录，并在题名出处元素注明。

（4）规定信息源中均未提供适当的题名，亦未见著录于其他资料，可根据书中的内容和著者情况拟定题名，并在附注元素注明"题名自拟"。

（5）规定信息源中提供的正题名文字过于冗长，且未提供可供检

索的有效关键词时，可为其代拟题名，但须在附注项注明原题名。

（6）几种著作在抄写或刻印时被组合在一起，没有总题名的，如果责任者相同，则将这几种著作的题名合并著录，各部分之间以全角逗号"，"间隔，卷数之前用全角冒号"："标识。

（7）几种著作在抄写或刻印时被组合在一起，没有总题名的，如果责任者不同，则根据责任者的情况拆分著录，题名项各字段作相应重复，详见下文"主要责任者""其他责任者"部分。

2.4.3 题名说明文字的著录

（1）"题名说明"虽然不是正题名，但却是题名著录内容的一部分，应紧接在正题名之后著录，与正题名之间用全角冒号"："间隔。"题名说明"的主要著录内容是卷数，此外还可根据文献内容类型的不同著录相关的时间、地点、人名等。

（2）正文以外的卷首、卷末、补遗、附录、目录等部分或第一种著作以外的其他著作连同自身卷数著录于正文卷数之后，其间以逗号"，"分隔，卷数之前用全角冒号"："标识。

示例 1：

周易本義：十二卷，五贊：一卷，筮儀：一卷，易圖：一卷

示例 2：

增廣注釋音辯唐柳先生集：四十三卷，別集：二卷，外集：二卷

示例 3：

山堂先生群書考索前集：六十六卷，後集：六十五卷，續集：五十六卷，別集：二十五卷

示例 4：

樂書：二百卷，目録：二十卷

（3）方志的纂修年代、家谱的地区、年谱的谱主名，以方括号的形式括注在正题名中，如"［咸豐］應城縣志"。

示例：

［咸豐］應城縣志：十二卷，首：一卷，末：一卷

3 主要责任者

名称：creator

出处：古籍元数据规范（WH/T 66—2014）

标签：主要责任者

定义：对创建古籍负主要责任的实体。

术语类型：元素

元素修饰词：责任者说明，责任方式

必备性：有则必备

可重复性：可重复

示例 1：

题名：楊氏易傳：二十卷

主要责任者：楊簡

示例 2：

题名：蒲江詞稿：一卷

主要责任者：盧祖皐

3.1 责任者说明

名称：statement of responsible person

出处：国家古籍保护中心

标签：责任者说明

定义：古籍主要责任者、其他责任者所属的朝代或国别。

术语类型：元素修饰词

限定：主要责任者（creator），其他责任者（contributor）

必备性：有则必备

可重复性：可重复

示例：

题名：程朱二先生周易傳義：十卷

责任者说明：宋

3.2 责任方式

名称：role

出处：国家古籍保护中心

标签：责任方式

定义：古籍形成过程中责任者对古籍负有的责任类型。

注释：古籍常见责任方式包括：撰、纂、修、著、注、编、辑、译、校、释文、整理等。

术语类型：元素修饰词

限定：主要责任者（creator），其他责任者（contributor）

必备性：有则必备

可重复性：可重复

示例：

题名：程朱二先生周易傳義：十卷

责任方式：撰

3.3　著录说明

（1）个人责任者一般应著录责任者姓名，此外还应著录责任者说明（时代或国别）、责任方式。

（2）著录首选信息源为正文首卷卷端，其次为正文其他各卷卷端、内封、目录、序跋、凡例，以及书中其他部分。丛书著录以总目录为首选信息源。

（3）一种古籍具有几种不同责任方式的责任者时，列居第一种责任方式的责任者为主要责任者。分三个字段著录："主要责任者"字段，填责任者名称；"责任者说明"字段，填责任者的朝代或国别；"责任方式"字段，填责任方式。僧人责任者名称一般按原题法名著录，"主要责任者"字段填"釋"＋法名，如"釋玄奘"。

（4）多个主要责任者，则将"主要责任者""责任者说明""责任方式"三个字段作相应重复，分别填写。

（5）"主要责任者""责任者说明""责任方式"三个字段为一组，应一起出现，一起重复。

（6）几种著作在抄写或刻印时被组合在一起，没有总题名的，如果责任者不同，则根据责任者的情况进行拆分著录，题名项各字段作相应重复。

（7）"责任者说明"，参照下列朝代名称著录，如"戰國""秦""三国魏""南朝宋""北魏""五代""西夏""蒙古"等。朝代名称可参照文物出版社出版的《中国历史年代简表》著录。

示例：

国家珍贵古籍名录号：00199

题名：程朱二先生周易傳義：十卷

主要责任者：程颐

责任者说明：宋

责任方式：撰

主要责任者：朱熹

责任者说明：宋

责任方式：撰

题名：上下篇義：一卷

主要责任者：程颐

责任者说明：宋

责任方式：撰

题名：易圖集録：一卷

主要责任者：朱熹

责任者说明：宋

责任方式：撰

（8）主要责任者未知，则"主要责任者""责任者说明""责任方式"三个字段可以不出现。

4　其他责任者

名称：contributor

出处：古籍元数据规范（WH/T 66—2014）

标签：其他责任者

定义：对古籍资源的创建有贡献的其他责任实体。

注释：其他责任者的实体包括个人或团体、机构。通常用其他责任者的名称来标识这一条目。

术语类型：元素

元素修饰词：责任者说明，责任方式

必备性：有则必备

可重复性：可重复

题名：廣博物志：五十卷

主要责任者：董斯張

其他责任者：楊鶴

4.1 责任者说明

名称：statement of responsible person

出处：国家古籍保护中心

标签：责任者说明

定义：古籍主要责任者、其他责任者所属的朝代或国别。

术语类型：元素修饰词

限定：主要责任者（creator），其他责任者（contributor）

必备性：有则必备

可重复性：可重复

示例：

其他责任者：秦永清

责任者说明：清

4.2 责任方式

名称：role

出处：国家古籍保护中心

标签：责任方式

定义：古籍形成过程中责任者对古籍负有的责任类型。

注释：古籍常见责任方式包括：撰、纂、修、著、注、编、辑、译、校、释文、整理等。

术语类型：元素修饰词

限定：主要责任者（creator），其他责任者（contributor）

必备性：有则必备

可重复性：可重复

示例：

其他责任者：秦永清

责任者说明：清

责任方式：纂

4.3 著录说明

（1）其他个人责任者一般应著录责任者姓名，此外还应著录责任者说明（时代或国别）、责任方式。

（2）一种古籍具有几种不同责任方式的责任者时，除主要责任者外的其他责任者均填写于此。分三个字段著录："其他责任者"字段，填责任者名称；"责任者说明"字段，填责任者的朝代或国别；"责任方式"字段，填责任方式。

（3）多个其他责任者，则将"其他责任者""责任者说明""责任方式"三个字段作相应重复，分别填写。

（4）"其他责任者""责任者说明""责任方式"三个字段为一组，应一起出现，一起重复。

（5）几种著作在抄写或刻印时被组合在一起，没有总题名的，如果责任者不同，则根据责任者的情况拆分著录，题名项各字段作相应重复。

示例 1：

国家珍贵古籍名录号：00200

题名：周易程朱傳義音訓：十卷

主要责任者：程颐

责任者说明：宋

责任方式：撰

主要责任者：朱熹

责任者说明：宋

责任方式：撰

其他责任者：吕祖謙

责任者说明：宋

责任方式：音訓

题名：易圖：一卷

主要责任者：朱熹

责任者说明：宋

责任方式：撰

示例 2：

国家珍贵古籍名录：00286

题名：春秋經傳集解：三十卷

主要责任者：杜預

责任者说明：晋

责任方式：撰

其他责任者：陸德明

责任者说明：唐

责任方式：释文

题名：春秋名號歸一圖：二卷

主要责任者：馮繼先

责任者说明：後蜀

责任方式：撰

题名：年表：一卷

5 版本

名称：edition

出处：汉文古籍特藏藏品定级 第 1 部分：古籍（GB/T 31076.1—2014）

标签：版本

定义：使用雕版、活字排版以及其他方式刷印而成的古籍传本，也包括抄写的各种传本。

注释：此项完整著录古籍原物的版本信息，包括出版日期、出版者、出版地、印刷日期、印刷者、印刷地、版本类型等。

术语类型：元素

元素修饰词：版本类型，版本补配

必备性：有则必备

可重复性：不可重复

示例：

题名：樂書：二百卷，目錄：二十卷

版本：元至正七年（1347）福州路儒學刻明修明成化公文紙印本

5.1 版本类型

名称：edition type

出处：古籍元数据规范（WH/T 66—2014）

标签：版本类型

定义：古籍因制作方式的不同而产生的不同种类名称。

注释：此项著录古籍原物的版本类型，包括稿本、写本、抄本、绘本、刻本、钤印本、活字印本、铅印本、磁版印本、铜版印本、拓本、其他等。

术语类型：元素修饰词

限定：版本（edition）

必备性：必备

可重复性：不可重复

示例：

题名：尚書譜：一卷

主要责任者：宋翔鳳

责任者说明：清

责任方式：撰

版本类型：刻本

5.2 版本补配

名称：edition supplement

出处：国家古籍保护中心

标签：版本补配

定义：作为残佚古籍补配部分的版本信息说明。

注释：原书残缺而以其他刻本或抄本配补者，应说明配补之卷次及其版本信息。

术语类型：元素修饰词

限定：版本（edition）

必备性：有则必备

可重复性：不可重复

示例：

题名：漢書：一百卷

版本：北宋刻遞修本

版本补配：卷二十九配宋嘉定蔡琪刻本，卷三十配宋慶元元年劉元起刻本

5.3 著录说明

5.3.1 版本项

完整著录加工古籍的版本信息，如"元至正七年（1347）福州路儒学刻明修明成化公文纸印本"。

5.3.2 版本类型

须依据书中有关的文字记载、结合版本的类别特征进行鉴定后著录。版本类型有以下几种。

5.3.2.1 稿本

责任者手写的或亲笔修改的作品原件，其中其亲笔缮写的书稿又称手稿本，在"版本类型"中著录为"稿本－手稿本"；责任者亲笔修改自著的抄本或刻本，称为修改稿本，在"版本类型"中著录为"稿本－修改稿本"；仅请人誊抄而著者未加任何修改却又钤盖自己藏章或另写题识于其上的书稿，称为誊清稿本，在"版本类型"中著录为"稿本－誊清稿本"。此外，有一种为了雕版印刷而书写的手稿，由于未能付刊而得以保存下来，叫作上版稿本，也叫写样待刻稿本，在"版本类型"中著录为"稿本－写样稿本"。

5.3.2.2　写本

缮写而成的古籍传本，包括专指宋代及以前的历朝各代人写卷抄写本；与宋代、元代及元以后由中央政府组织编纂各书的内府抄写本以及与皇家相关的各种手写文献，如明清两代编纂缮写的《永乐大典》《四库全书》，历朝的实录、起居注、玉牒，以及私家泥金手写佛经等；历代名家的抄写本；佛经、道经的各类抄写本等。

5.3.2.3　抄本

依据某一底本手工抄写而成的版本。

5.3.2.4　绘本

绘画而成的版本。

5.3.2.5　影抄本

临摹底本图文原样抄写而成的版本，在"版本类型"中著录为"抄本－影抄本"。

5.3.2.6　刻本

雕版印刷而成的版本。

5.3.2.7　朱印本

用红色印刷的刻本，在"版本类型"中著录为"刻本－朱印本"。

5.3.2.8　蓝印本

用蓝色印刷的刻本，在"版本类型"中著录为"刻本－蓝印本"。

5.3.2.9　套印本

将不同内容的印刷，分别敷以不同颜色的印墨，依次套叠印刷在同一叶面之上。根据套印颜色的不同，可分为朱墨套印本、三色套印本、四色套印本、五色套印本、六色套印本、彩色套印本等，在"版本类型"中分别著录为"刻本－套印本""刻本－套印本－朱墨套印本""刻本－套印本－三色套印本""刻本－套印本－四色套印本""刻本－套印本－五色套印本""刻本－套印本－六色套印本""刻本－套印本－彩色套印本"等。

5.3.2.10　影刻本

临摹底本图文原样刻印而成的版本，在"版本类型"中著录为"刻本－影刻本"

5.3.2.11　钤印本

以印文为正文，用若干印章依次直接加盖在书叶上而形成的版本。

5.3.2.12　活字印本

用活字排版印刷而成的版本。活字印本可依制字材料的不同，分为木活字印本、铜活字印本、泥活字印本等，在"版本类型"中分别著录为"活字印本－木活字印本""活字印本－铜活字印本""活字印本－泥活字印本"等。

5.3.2.13　石印本

清末以来用西方石版印刷方法印成的版本。

5.3.2.14　铅印本

清末以来用铅字印刷方法印成的版本。

5.3.2.15　影印本

用照相制版的方法，将原本图文复制而成的近现代印本。

5.3.2.16　磁版印本

用磁土制成泥版雕刻阳文反字，火烧令坚，再敷墨覆纸刷印而成的古籍传本。

5.3.2.17　铜版印本

清康熙以来用铜版印刷方法印成的版本。

5.3.2.18　拓本

用纸、墨和工具从碑帖及其他器物上椎拓图文而成的版本，可分为墨拓本（以黑墨为颜料进行拓印）、朱拓本（以朱砂为颜料进行拓印）、朱墨拓本（以朱砂和黑墨在同一张纸上根据器物表面不同图文内容分别进行拓印）等，在"版本类型"中分别著录为"拓本－墨拓本""拓本－朱拓本""拓本－朱墨拓本"。

5.3.2.19　其他

不在以上版本类型中的版本。

5.3.3　版本补配

著录古籍的补配信息。

示例：

版本补配：卷七至九、一百二十四至一百三十配宋淳熙三年張杅桐川郡齋刻八年耿秉重修本，卷一至六、十九至二十一、二十三至二十六、三十一至三十三、三十九至六十、七十一至八十、九十至一百十六配宋刻十四行本，卷十至十五、二十七至三十、六十二至七十配另一宋刻本。

6　出版者

名称：publisher

出处：古籍元数据规范（WH/T 66—2014）

标签：出版者

定义：对创制或复制古籍资源负责任的实体。

注释：该元素说明古籍资源抄写、刻印及制作的责任者及其地点。地名照录著录对象所题。

术语类型：元素

元素修饰词：出版地，出版方式，印刷者，印刷地，印刷方式

必备性：有则必备

可重复性：可重复

示例 1：

题名：廣博物志：五十卷

出版者：吳興蔣禮高暉堂

示例 2：

题名：翠微南征録：十卷，首一卷

出版者：郎遂還樸堂

6.1 出版地

名称：place of publication

出处：古籍元数据规范（WH/T 66—2014）

标签：出版地

定义：创制或复制古籍资源的地点。

注释：出版者编撰或复制古籍资源的地点。

术语类型：元素修饰词

限定：出版者（publisher）

必备性：有则必备

可重复性：可重复

示例：

题名：順所然齋詩：四卷，補遺一卷

出版地：武昌

6.2 出版方式

名称：publishing method

出处：国家古籍保护中心

标签：出版方式

定义：古籍书写或刻印的方式。

注释：如"寫稿""抄寫""刻版""刻版印刷""修版""修版重印"等。

术语类型：元素修饰词

限定：出版者（publisher）

必备性：有则必备

可重复性：可重复

示例：

题名：樂書：二百卷，目録：二十卷

出版方式：修版

6.3　印刷者

名称：printer

出处：古籍元数据规范（WH/T 66—2014）

标签：印刷者

定义：将古籍资源印制在纸张等介质上，批量制作古籍资源复本的机构或个人。

注释：此项补充说明与出版者不同的印制古籍资源的责任者。

术语类型：元素修饰词

限定：出版者（publisher）

必备性：有则必备

可重复性：不可重复

示例：

题名：游學計畫書

印刷者：廣東學務公所印刷處

6.4　印刷地

名称：place of printing

出处：古籍元数据规范（WH/T 66—2014）

标签：印刷地

定义：印刷者使用工具批量制作古籍资源复本的地点。

注释：此项说明与出版地不同的印制古籍资源的地点。

术语类型：元素修饰词

限定：出版者（publisher）

必备性：有则必备

可重复性：不可重复

示例：

题名：游學計畫書

印刷者：廣東學務公所印刷處

印刷地：廣東

6.5 印刷方式

名称：printing method

出处：国家古籍保护中心

标签：印刷方式

定义：古籍原物印刷的方式。

注释：此项著录古籍的印刷方式、色彩、修版、补版、初印、后印、纸张等信息。

术语类型：元素修饰词

限定：出版者（publisher）

必备性：有则必备

可重复性：不可重复

示例：

　题名：樂書：二百卷，目録：二十卷

　印刷方式：公文紙印

6.6　著录说明

6.6.1　出版者

著录古籍书写或刻印的责任者。如果同一出版日期的责任者有多人，则合并著录，责任者之间以顿号"、"间隔，如"喬遷、余載仕"。

6.6.2　出版地

著录加工古籍书写或刻印的地点。机构 / 场所名（室名堂号、郡斋、郡庠、公使库、书坊名等）也在此字段填写。如果地点有多个层级，则以"–"间隔。

6.6.3　出版方式

著录加工古籍书写或刻印的方式，如"寫稿""抄寫""刻版""刻版印刷""修版""修版重印"等。如果刻版、印刷没有明确区分不同日期，即不出现"印刷日期""印刷者""印刷地""印刷方式"等字段，但又有特殊的印刷方式需要说明，则在"出版方式"字段用括号加以说明，如"刻版印刷（朱印）""刻版印刷（藍印）""刻版印刷（朱墨套印）""刻版印刷（公文紙印）"等。

6.6.4　"出版者""出版地""出版方式""出版日期"四个字段为一组，一起出现，一起重复。如果有多个出版日期，则重复多次。

示例 1：

　题名：斜川集：六卷

　版本：清乾隆五十三年（1788）趙懷玉亦有生齋刻嘉慶十六年（1811）唐仲冕增刻本

出版日期：清乾隆五十三年（1788 年）

出版者：赵懷玉

出版地：亦有生齋

出版方式：刻版

示例 2：

题名：樂書：二百卷，目録：二十卷

版本：元至正七年（1347）福州路儒學刻明修明成化公文紙印本

出版日期：元至正七年（1347 年）

出版地：福州路儒學

出版方式：刻版

6.6.5 印刷者

著录加工古籍印刷的责任者。如果责任者有多人，则合并著录，责任者之间以顿号"、"间隔。

6.6.6 印刷地

著录加工古籍印刷的地点。机构/场所名也在此字段填写。如果地点有多个层级，则以"–"间隔。

6.6.7 印刷方式

此项著录加工古籍印刷的方式，如"朱印""藍印""朱墨套印""公文紙印"等。

6.6.8 "印刷者""印刷地""印刷方式""印刷日期"四个字段为一组，一起出现，但不可重复出现。

示例 1：

题名：斜川集：六卷

版本：清乾隆五十三年（1788）赵懷玉亦有生齋刻嘉慶十六年

（1811）唐仲冕增刻本

　　印刷日期：清嘉慶十六年（1811 年）

　　印刷者：唐仲冕

　　印刷方式：增刻印刷

　　示例 2：

　　题名：樂書：二百卷，目録：二十卷

　　版本：元至正七年（1347）福州路儒學刻明修明成化公文紙印本

　　印刷日期：明成化

　　印刷方式：公文紙印

7　日期

　　名称：date

　　出处：古籍元数据规范（WH/T 66—2014）

　　标签：日期

　　定义：与古籍资源本身生命周期中的一个事件相关的时间。

　　注释：此项著录古籍原物书写刻印的年份。年号纪年以中国朝代、年号、纪年的顺序著录。

　　术语类型：元素

　　元素修饰词：出版日期，印刷日期

　　编码体系修饰词：年号纪年，公元纪年

　　必备性：有则必备

　　可重复性：可重复

　　示例：

　　题名：鉅鹿東觀集：十卷

日期（年号纪年）：宋绍定元年（刻版）

日期（公元纪年）：1228（刻版）

7.1　出版日期

名称：issued

出处：古籍元数据规范（WH/T 66—2014）

标签：出版日期

定义：创制或复制古籍资源的时间。

术语类型：元素修饰词

限定：日期（date）

编码体系修饰词：年号纪年，公元纪年

必备性：有则必备

可重复性：可重复

示例：

题名：李東陽詩：二卷

出版日期（年号纪年）：清光绪元年

出版日期（公元纪年）：1875

7.2　印刷日期

名称：printed

出处：古籍元数据规范（WH/T 66—2014）

标签：印刷日期

定义：将古籍资源印制在纸张等介质上的时间。

注释：此项说明古籍资源与出版日期不同的印刷时间。著录的印刷日期应当晚于出版日期。

术语类型：元素修饰词

限定：日期（date）

编码体系修饰词：年号纪年，公元纪年

必备性：有则必备

可重复性：不可重复

示例：

题名：游學計畫書

印刷日期（年号纪年）：清光緒六年

印刷日期（公元纪年）：1880

7.3　年号纪年

名称：年号纪年

出处：古籍元数据规范（WH/T 66—2014）

标签：Chinese calendar

定义：以帝王在位期间用于纪年的名号为标准的阴阳历纪年法，中国古代纪年法。

注释：中国封建王朝年号前应加朝代名。可参照文物出版社出版的《中国历史年代简表》。

术语类型：编码体系修饰词

编码体系应用于：日期（date），出版日期（issued），印刷日期（printed）

必备性：有则必备

可重复性：可重复

示例：

题名：宋六十名家詞

出版日期（年号纪年）：清光緒間

7.4 公元纪年

名称：公元纪年

出处：古籍元数据规范（WH/T 66—2014）

标签：Gregorian calendar

定义：以耶稣诞生为元年的太阳历纪年法，国际通用纪年法。

注释：公元纪年法是目前大多数国家纪年的标准。

术语类型：编码体系修饰词

编码体系应用于：日期（date），出版日期（issued），印刷日期（printed）

必备性：有则必备

可重复性：可重复

示例：

题名：宋六十名家詞

出版日期（年号纪年）：清光緒間

出版日期（公元纪年）：1875–1908

7.5 著录说明

7.5.1 本项使用规范档可参照可参照文物出版社出版的《中国历史年代简表》。

7.5.2 出版日期

著录加工古籍书写或刻印的年份。分年号纪年、公元纪年2个字段填写。

"出版日期""出版者""出版地""出版方式"四个字段为一组，一起出现，一起重复。如果有多个出版日期，则重复多次。

如果刻版、印刷没有明确区分不同日期，则著录于"出版日期""出版者""出版地""出版方式"等字段。

示例：

题名：斜川集：六卷

版本：清乾隆五十三年（1788）赵怀玉亦有生斋刻嘉庆十六年（1811）唐仲冕增刻本

出版日期（年号纪年）：清乾隆五十三年

出版日期（公元纪年）：1788

出版者：赵怀玉

出版地：亦有生斋

出版方式：刻版

7.5.3　印刷日期

著录加工古籍的印刷年份，一般为重印的年份。该印刷日期应晚于出版日期。分年号纪年、公元纪年2个字段填写。

"印刷日期""印刷者""印刷地""印刷方式"四个字段为一组，一起出现，但不可重复。

如果刻版、印刷没有明确区分不同日期，则"印刷日期""印刷者""印刷地""印刷方式"等字段可以不出现。

示例：

题名：斜川集：六卷

版本：清乾隆五十三年（1788）赵怀玉亦有生斋刻嘉庆十六年（1811）唐仲冕增刻本

印刷日期（年号纪年）：清嘉庆十六年

印刷日期（公元纪年）：1811

印刷者：唐仲冕

印刷方式：增刻印刷

7.5.4 增刻、补刻、补版、修版等情况，如果非最后的印刷环节，则著录于"出版日期""出版者""出版地""出版方式"等字段，如果是最后的印刷环节，则著录于"印刷日期""印刷者""印刷地""印刷方式"等字段。

7.5.5 一部古籍，必须有"出版日期""出版者""出版地""出版方式"等字段，可以没有"印刷日期""印刷者""印刷地""印刷方式"等字段；如果有"印刷日期""印刷者""印刷地""印刷方式"等字段，"印刷日期""印刷者""印刷地""印刷方式"等字段只能出现一次，"出版日期""出版者""出版地""出版方式"等字段可以出现多次。

7.5.6 年号纪年以中国朝代（或日本、朝鲜、越南等国号）、帝王年号、纪年的内容顺序著录，如不能详细到年，要求至少著录到朝代。

7.5.7 与年号纪年相对应的公元纪年仅使用阿拉伯数字著录，不使用"公元""AD"等字样。

8 载体形态

名称：physical description

出处：古籍元数据规范（WH/T 66—2014）

标签：载体形态

定义：古籍载体的物理形态。

术语类型：元素

元素修饰词：装帧形式，数量，开本尺寸，图表，附件

必备性：必备

可重复性：可重复

示例1：

题名：椒花吟舫文稿：不分卷

载体形态（数量）：8册

示例 2：

题名：大戴禮記：十三卷

载体形态（装帧形式）：綫装

载体形态（开本尺寸）：31.7×19.8cm

8.1　装帧形式

名称：binding

出处：古籍元数据规范（WH/T 66—2014）

标签：装帧形式

定义：将古籍加工为现有物理状态的方法。

注释：此项著录古籍原物的装订方式，如：线装、经折装、卷轴
装、蝴蝶装、包背装等。

术语类型：元素修饰词

限定：载体形态（physical description）

必备性：必备

可重复性：可重复

示例 1：

题名：山谷黄先生大全詩注：二十卷

装帧形式：綫装

示例 2：

题名：易學啟蒙：二卷，圖一卷

装帧形式：包背装

8.2　数量

名称：quantity

出处：古籍元数据规范（WH/T 66—2014）

标签：数量

定义：古籍的单位计量统计结果。

注释：此项著录古籍原物的数量。量词通常用册、函表述。

● 线装、经折装、蝴蝶装、包背装等书籍著录实有册数，如：3 册。

● 卷轴装书籍著录实有卷数。量词的使用，有轴的可用"轴"字，无轴的可用"捲"字。为了不与表示内容的卷数相混淆，此处不使用"卷"字。

● 单张折叠的书籍著录实有幅数，如：6 幅。

● 散叶的书籍著录实有叶数，如：8 叶。缺叶、增叶情况在附注元素注明。

● 函套的书籍在册数后补充说明实有函数，并置于圆括号"（ ）"中，如：10 册（2 函）。匣、帙装书籍著录方法相同。

术语类型：元素修饰词

限定：载体形态（physical description）

必备性：必备

可重复性：不可重复

示例：

题名：山谷黄先生大全诗注：二十卷

数量：6 册（1 函）

8.3 开本尺寸

名称：dimension

出处：古籍元数据规范（WH/T 66—2014）

标签：开本尺寸

定义：对古籍物理载体高广大小的测量记录。

注释：此项著录古籍原物载体的高度、宽度尺寸。高度、宽度之间以"×"相连，单位"cm"。

术语类型：元素修饰词

限定：载体形态（physical description）

必备性：可选

可重复性：可重复

示例：

题名：地理辨正疏：五卷，卷首一卷，卷末一卷

开本尺寸：23.4×15.3cm

8.4　图表

名称：chart

出处：古籍元数据规范（WH/T 66—2014）

标签：图表

定义：对古籍资源内容中图像及表格方面的说明。

注释：此项著录古籍资源中插图、照片、表格等，可著录其具体名称及数量。

● 书中有冠图、插图、附图、彩图、冠像、地图等，均据实扼要著录。

● 题名中已反映书籍中的插图、地图时，可省略。

术语类型：元素修饰词

限定：载体形态（physical description）

必备性：有则必备

可重复性：可重复

示例：

题名：春秋圖表：二卷

图表：有圖

8.5 附件

名称：accompanying material

出处：古籍元数据规范（WH/T 66—2014）

标签：附件

定义：古籍主体以外的附加资料或物品。

注释：附件在物理实体上与书籍的主体相分离，装订方式与主体不同。凡在古籍原物中有著录价值的资料或物品，无论是否古籍原有，也无论其内容与古籍主体是否相关，均在此著录。

术语类型：元素修饰词

限定：载体形态（physical description）

必备性：可选

可重复性：可重复

示例：

题名：石倉詩集：三卷

附件：内夾致鄭振鐸的一封信。

8.6 著录说明

8.6.1 装帧形式

此项著录该部古籍的装帧形式，如"梵夾裝""卷軸裝""經折裝""蝴蝶裝""包背裝""綫裝"等。

8.6.2 数量

著录古籍的册数，格式为："阿拉伯数字＋计量单位（如"册"

"捲""軸""件""幅"等）"，如"10 册"。

8.6.3 开本尺寸

此项著录加工古籍的开本尺寸，格式为："阿拉伯数字 × 阿拉伯数字 cm"，阿拉伯数字精确到小数点后一位，先纵（高），后横（宽），如"25.3 × 17.4 cm"。

8.6.4 图表

古籍有插图、表格等，可在此据实扼要著录。

8.6.5 附件

古籍有与书籍主体物理分离的附加物品（如夹在书籍中的信札），可在此著录。

9 附注

名称：description

出处：古籍元数据规范（WH/T 66—2014）

标签：附注

定义：记录未在其他元素项（含修饰词）著录又有必要补充说明的内容。

注释：此项著录古籍资源内容和形式各方面的注释说明。

术语类型：元素

元素修饰词：责任者附注，残存附注，缺字附注，丛书附注，合订附注，版框尺寸，版式，提要

必备性：有则必备

可重复性：可重复

示例：

题名：周禮：十二卷

附注：書中刻工有王珍、吳亮、沈亨等。

119

9.1 责任者附注

名称：creator description

出处：古籍元数据规范（WH/T 66—2014）

标签：责任者附注

定义：责任者的姓名、字号、生平等方面需要说明的情况。

注释：相同责任者在古籍中使用的名称与责任者项著录的名称出现差异时，可在此说明。

术语类型：元素修饰词

限定：附注（description）

必备性：可选

可重复性：可重复

示例：

题名：古香堂六種

责任者附注：王初桐，原名元烈，本書有"原名元烈字耿仲"印。

9.2 残存附注

名称：inventory shortage volume

出处：国家古籍保护中心

标签：残存附注

定义：古籍原物实际存/缺卷的内容和数量。

注释：使用括号括注具体存/缺的卷次，卷数、卷次用中文表示，不连续的卷次之间用顿号间隔。

术语类型：元素修饰词

限定：附注（description）

必备性：有则必备

可重复性：不可重复

示例：

题名：欒城集：五十卷，目录：二卷，後集：二十四卷，三集：十卷

残存附注：存四十七卷（欒城集三十五至四十三、四十七至五十，後集全，三集全）

9.3 缺字附注

名称：missing characters

出处：古籍元数据规范（WH/T 66—2014）

标签：缺字附注

定义：记录和描述现有字库中缺少的文字等。

注释：记录和描述的方式可参见国家图书馆编《汉语文古籍机读目录格式使用手册》393 字段系统外字附注。

术语类型：元素修饰词

限定：附注（description）

必备性：可选

可重复性：可重复

示例 1：

缺字附注：▓＝［糹尋］（xun）

示例 2：

缺字附注：▓＝［澄（氵→扌）］（cheng）

表示"澄"字左边的三点水更换为提手。

9.4 丛书附注

名称：series description

出处：古籍元数据规范（WH/T 66—2014）

标签：丛书附注

定义：对本资源所属丛书的说明。

注释：此处著录丛书事项，如丛书题名、丛书子目所处丛书内部序列位置等。

术语类型：元素修饰词

限定：附注（description）

必备性：有则必备

可重复性：不可重复

示例：

题名：翰林志：一卷

丛书附注：知不足齋叢書

9.5 合订附注

名称：bound description

出处：国家古籍保护中心

标签：合订附注

定义：说明多种或多册古籍合订的信息。

注释：不同版本的合函/合订古籍，每个版本做一条记录。

术语类型：元素修饰词

限定：附注（description）

必备性：有则必备

可重复性：不可重复

示例 1：

加工记录标识号：1601130202300020001

题名：资治通鉴纲目：五十九卷，首：一卷

版本：明弘治十一年（1498）書林慎獨齋刻本

合订附注：與"續资治通鉴纲目：二十七卷"合訂，40 册，本書为册 1–30。

示例 2：

加工记录标识号：1601130202300020002

题名：續资治通鉴纲目：二十七卷

版本：明弘治十一年（1498）書林慎獨齋刻本

合订附注：與"资治通鉴纲目：五十九卷，首：一卷"合訂，40 册，本書为册 31–40。

9.6　版框尺寸

名称：frame size

出处：国家古籍保护中心

标签：版框尺寸

定义：对古籍原物版框的高广大小的测量记录。

注释：著录古籍原物上版框的高度、宽度尺寸。高度、宽度之间以"×"相连，单位"cm"。

术语类型：元素修饰词

限定：附注（description）

必备性：可选

可重复性：可重复

示例：

题名：地理辨正疏：五卷，卷首一卷，卷末一卷

版框尺寸：20.5×13.8cm

9.7 版式

名称：paragraph format

出处：国家古籍保护中心

标签：版式

定义：古籍的行款字数、界格、书口、边栏等信息。

注释：此项著录古籍原物每叶或每半叶的行数和每行的大小字数，以及书口、版框形式、鱼尾等情况。行数、字数、双行小字字数用中文表示。

术语类型：元素修饰词

限定：附注（description）

必备性：可选

可重复性：可重复

示例：

题名：伊川程先生周易經傳

版式：半葉七行，行十五字，小字雙行同，細黑口，左右雙邊。

9.8 提要

名称：abstract

出处：古籍元数据规范（WH/T 66—2014）

标签：提要

定义：古籍资源内容、形式的要点。

术语类型：元素修饰词

限定：附注（description）

必备性：可选

可重复性：可重复

示例：

题名：唐明皇秋夜梧桐雨雜劇：一卷

提要：白樸代表作，記載唐明皇與楊貴妃愛情故事。唐邊將安錄山戰敗當斬，明皇因喜其趨奉赦免之，令他在宮中侍候。楊貴妃與他有私，楊國忠奏請明皇，調他爲漁陽節度使。……正當歡娛之際，安錄山叛變，奪取潼關，直逼長安。文武大臣均無計禦敵，勸明皇逃往四川。龍武將軍陳玄禮護駕至馬嵬坡，六軍不發，殺死楊國忠，又要求殺楊貴妃以謝天下。明皇不得已令貴妃自盡。安錄山叛亂平定，明皇重回長安，終日思念貴妃，於秋雨之夜，聞雨打梧桐之聲，倍極傷情，引爲終身之憾。

9.9　著录说明

9.9.1　附注

此项填写各项附注未能涵盖的说明内容。

9.9.2　残存附注

此项著录加工古籍的实际存／缺卷数，并括注具体存／缺的卷次，卷数、卷次用中文表示，不连续的卷次之间用顿号间隔。当加工古籍由多个著作组成，在"残存附注"字段中，多个著作之间如果仅有一个层级，则仍用顿号间隔，如果有两个层级，则上一层级之间用逗号间隔，如果某一著作完整，则填"全"，不填具体卷数。

9.9.3　缺字附注

有 Unicode 集外字或现有字库中无法显示的汉字，可在此填写该字的描述信息。

描述方法是：在等号"="左边，用符号"＝"表示缺字；在等号"="右边方括号"［ ］"内，用规定的形式、符号和文字来描述缺字，并在其后的圆括号"（ ）"内注明汉语拼音读音。参见国家图书馆编《汉语文古籍机读目录格式使用手册》中 393 字段系统外字附注。

9.9.4 丛书附注

9.9.4.1 加工古籍为单独流传／单独编目的丛书零种，则在此著录其所属的丛书题名。

示例：

国家珍贵古籍名录号：08798

题名：李文公集：十八卷

版本：明末毛氏汲古阁刻三唐人文集本

丛书附注：三唐人文集

9.9.4.2 如果本条记录是单做记录的丛书子目，此处填写该子目在丛书中的始末位置。

示例：

国家珍贵古籍名录号：08191

（丛书）题名：新刊五子书：二十卷（其下有 5 个子目）

（丛书）加工记录标识号：010113020230014

（第一个子目）题名：鬻子：二卷

（第一个子目）加工记录标识号：0101130202300140001

（第一个子目）丛书附注：“新刊五子書：二十卷”第 1 册第 5-21 葉。

（第二个子目）题名：子華子：十卷

（第二个子目）加工记录标识号：0101130202300140002

（第二个子目）丛书附注：“新刊五子書：二十卷”第 1 册第 21-83 葉。

（第三个子目）题名：尹文子：二卷

（第三个子目）加工记录标识号：0101130202300140003

（第三个子目）丛书附注："新刊五子書：二十卷"第 1 册　第 83
葉至册末。

（第四个子目）题名：公孫龍子：三卷

（第四个子目）加工记录标识号：0101130202300140004

（第四个子目）丛书附注："新刊五子書：二十卷"第 2 册册首至第
22 葉。

（第五个子目）题名：鶡冠子：三卷

（第五个子目）加工记录标识号：0101130202300140005

（第五个子目）丛书附注："新刊五子書：二十卷"第 2 册第 22 葉
至册末。

9.9.5　合订附注

不同版本的 / 合订古籍，先按照"合订"做一条记录，分配加工
记录标识号；再按版本不同情况，做多条记录，即有几种版本就做几
条记录，同时分配不同的加工记录标识号。在这些记录的"合订附注"
字段中，分别填写"與某某書（括注加工记录标识号）合訂多少册"，
并说明具体的合订情况。

示例：

国家珍贵古籍名录号：03667

資治通鑒綱目五十九卷首一卷　明弘治十一年（1498）書林慎獨
齋刻本　續資治通鑒綱目二十七卷　明弘治十七年（1504）書林慎獨齋
刻本

首先著录一条合订记录，再按其版本情况，分别著录两条记录。

加工记录标识号：160113020230010

题名：資治通鑒綱目：五十九卷，首一卷；續資治通鑒綱目：
二十七卷

版本：明弘治十一年（1498）書林慎獨齋刻本；明弘治十七年（1504）書林慎獨齋刻本

合订附注：40 册

加工记录标识号：1601130202300100001

题名：資治通鑒綱目：五十九卷，首：一卷

版本：明弘治十一年（1498）書林慎獨齋刻本

合订附注：與"續資治通鑒綱目：二十七卷"合訂，40 册，本書为册 1–30。

加工记录标识号　　1601130202300100002

题名：續資治通鑒綱目：二十七卷

版本：明弘治十七年（1504）書林慎獨齋刻本

合订附注：與"資治通鑒綱目：五十九卷，首：一卷"合訂，40 册，本書为册 31–40。

9.9.6　版框尺寸

此项著录加工古籍的版框尺寸，格式为："阿拉伯数字 × 阿拉伯数字 cm"，阿拉伯数字精确到小数点后一位，先纵（高），后横（宽）。如"19.4 × 14.3 cm"。

9.9.7　版式

此项著录加工古籍的行款字数、界格、书口、边栏等信息。行数、字数、双行小字字数用中文表示。

示例 1：

版式：半葉八行，行十七字，小字雙行同，白口，四周單邊。

示例 2：

版式：半葉十二行，行二十四字，藍格，白口，左右雙邊。

示例3：

版式：半葉八行，行字不等，绿格，白口，左右雙邊。

10 收藏历史

名称：provenance

出处：古籍元数据规范（WH/T 66–2014）

标签：收藏历史

定义：古籍的递传源流以及相关内容。

注释：此项著录古籍原物的收藏沿革和在流传过程中产生的各种特征。

术语类型：元素

元素修饰词：批校题跋者，批校题跋者说明，批校题跋方式

必备性：可选

可重复性：可重复

示例：

题名：賈氏叢書：十二種

收藏历史：钤"一九四九年武強賀孔才捐贈北平圖書館之圖書"印。

10.1 批校题跋者

名称：inscription writer

出处：国家古籍保护中心

标签：批校题跋者

定义：在古籍上书写有关本书品评、考订、记事等文字的责任者。

注释：此项著录古籍原物上与本书内容及收藏流传有关的批校题跋的责任者。

术语类型：元素修饰词

限定：收藏历史（provenance）

必备性：有则必备

可重复性：可重复

示例：

题名：诗外传：十卷

批校题跋者：黄丕烈

批校题跋者：顾廣圻

批校题跋者：瞿中溶

批校题跋者：傅增湘

10.2　批校题跋者说明

名称：statement of inscription writer

出处：国家古籍保护中心

标签：批校题跋者说明

定义：古籍批校题跋者所属的朝代或国别。

术语类型：元素修饰词

限定：收藏历史（provenance）

必备性：有则必备

可重复性：可重复

示例：

题名：诗外传：十卷

批校题跋者：黄丕烈

批校题跋者说明：清

10.3　批校题跋方式

名称：role of inscription

出处：国家古籍保护中心

标签：批校题跋方式

定义：责任者对古籍批校题跋负有的责任类型。

注释：古籍常见批校题跋责任方式包括：序、跋等。

术语类型：元素修饰词

限定：收藏历史（provenance）

必备性：有则必备

可重复性：可重复

示例：

题名：诗外传：十卷

批校题跋者：黄丕烈

批校题跋方式：校并跋

10.4　著录说明

此项著录加工古籍在流传过程中后人所作的批校题跋信息。批校题跋信息分三个字段著录："批校题跋者"字段，填批校题跋者名称；"批校题跋者说明"字段，填批校题跋者的朝代或国别；"批校题跋方式"字段，填具体的批校题跋方式。

"批校题跋者""批校题跋者说明""批校题跋方式"三个字段为一组，一起出现，一起重复。

如果有多个批校题跋信息，则将"批校题跋者""批校题跋者说明""批校题跋方式"三个字段作相应重复，分别填写。

示例：

题名：詩外傳：十卷

批校题跋者：黄丕烈

批校题跋者说明：清

批校题跋方式：校并跋

批校题跋者：顧廣圻

批校题跋者说明：清

批校题跋方式：跋

批校题跋者：瞿中溶

批校题跋者说明：清

批校题跋方式：跋

批校题跋者：傅增湘

批校题跋者说明：民國

批校题跋方式：跋

11　文献保护

名称：ancient book preservation

出处：古籍元数据规范（WH/T 66—2014）

标签：文献保护

定义：古文献的保存修复状况以及对其珍贵程度、破损程度所进行的级别认证。

注释：此元素著录古籍原物的文献保护事项，可根据古籍普查的要求著录。

术语类型：元素

元素修饰词：文物级别，破损级别

　规范档：参见《汉文古籍特藏藏品定级　第1部分：古籍（GB/T

31076.1—2014）》;《古籍特藏破损定级标准》（WH/T 22—2006）

　　必备性：可选

　　可重复性：可重复

　　示例：

　　题名：大易粹言：十二卷

　　版本：宋淳熙三年（1176）舒州公使库刻本

　　文献保护：一级古籍

11.1　文物级别

　　名称：cultural relics level

　　出处：古籍元数据规范（WH/T 66—2014）

　　标签：文物级别

　　定义：被著录古籍根据珍贵程度所划分的级别。

　　术语类型：元素修饰词

　　限定：文献保护（ancient book preservation）

　　必备性：可选

　　可重复性：不可重复

　　示例：

　　题名：大易粹言：十二卷

　　版本：宋淳熙三年（1176）舒州公使库刻本

　　文物级别：一级古籍

11.2　破损级别

　　名称：damage level

　　出处：古籍元数据规范（WH/T 66—2014）

标签：破损级别

定义：被著录古籍根据破损程度所划分的级别。

术语类型：元素修饰词

限定：文献保护（ancient book preservation）

必备性：可选

可重复性：不可重复

示例：

题名：驳吕留良四書講義：八卷

破损级别：五级破损

11.3 著录说明

11.3.1 文物级别

此项著录古籍原物的文物级别，依据《汉文古籍特藏藏品定级 第1部分：古籍（GB/T 31076.1–2014）》古籍定级标准选择相应的级别和等次。现存普通形制的古籍划分为一、二、三、四级。一、二、三级为善本，各分甲、乙、丙三个等次。

11.3.2 破损级别

此项著录古籍原物的破损级别，依据《古籍特藏破损定级标准（WH/T 22—2006）》著录。

12 馆藏信息

名称：location

出处：古籍元数据规范（WH/T 66—2014）

标签：馆藏信息

定义：作为物理实体的古文献资源所属机构或提供该资源机构的信息。

注释：此项著录古籍的收藏机构。可使用所属各项元素修饰词。

术语类型：元素

元素修饰词：收藏单位，索书号

必备性：有则必备

可重复性：可重复

示例：

题名：茶餘客話：十卷

馆藏信息：國家圖書館

12.1　收藏单位

名称：collection unit

出处：国家古籍保护中心

标签：收藏单位

定义：收藏古籍原物的单位名称。

术语类型：元素修饰词

限定：馆藏信息（location）

必备性：必备

可重复性：不可重复

示例：

题名：纂圖互注南華真經：十卷

收藏单位：國家圖書館

12.2　索书号

名称：call number

出处：古籍元数据规范（WH/T 66—2014）

标签：索书号

定义：古籍收藏单位为了检索和排架的需要而给予每个古籍一个特定号码。

注释：此项著录古籍特定的检索号码。

术语类型：元素修饰词

限定：馆藏信息（location）

必备性：有则必备

可重复性：可重复

示例：

题名：大易粹言：十二卷

收藏单位：國家圖書館

索书号：12338

12.3　著录说明

此项著录具有物理载体（如纸质书、光盘等）的古籍资源，通过互联网传递的古籍数字资源一般可缺省著录。

13　相关资源

名称：relation

出处：古籍元数据规范（WH/T 66—2014）

标签：相关资源

定义：与本古籍资源相关的其他资源。

术语类型：元素

元素修饰词：丛书题名，丛书链接，子目题名，子目链接，合订题名，合订链接

必备性：可选

可重复性：可重复

13.1　丛书题名

名称：series

出处：古籍元数据规范（WH/T 66—2014）

标签：丛书题名

定义：在内容和形式，或者典藏方式上具有一定联系，并具有独立子目题名和总题名的古籍集合。

注释：此处为古籍所属的丛书记录的题名名称。

术语类型：元素修饰词

限定：相关资源（relation）

必备性：有则必备

可重复性：不可重复

示例：

题名：鬻子：二卷

丛书题名：新刊五子書：二十卷

13.2　丛书链接

名称：series link

出处：国家古籍保护中心

标签：丛书链接

定义：子目所属丛书记录的加工记录标识号。

术语类型：元素修饰词

限定：相关资源（relation）

必备性：有则必备

可重复性：不可重复

示例：

加工记录标识号：010113020230014001

题名：鹖子：二卷

丛书题名：新刊五子書：二十卷

丛书链接：010113020230014

13.3 子目题名

名称：sub-series

出处：古籍元數據規范（WH/T 66—2014）

标签：子目题名

定义：组成古籍丛书的单种古籍。

注释：此处为古籍丛书所属的子目题名。

术语类型：元素修饰词

限定：相关资源（relation）

必备性：有则必备

可重复性：可重复

示例：

题名：十萬卷樓叢書

子目题名：書經注：十二卷；資治通鑒釋文：三十卷；注陸宣公奏議：十五卷；史載之方：二卷；海藏老人陰證略例：一卷；本草衍義：二十卷；東萊呂紫微師友雜志：一卷；東萊呂紫微雜説：一卷；可書：一卷；東原録：一卷；地理葬書集注：九卷，附葬書問對一卷；醫經正本書：一卷；人倫大統賦：二卷；乙巳占：十卷；太上老子道德經集解：二卷；夷堅甲志：二十卷，乙志二十卷，丙志二十卷，丁志二十卷。

13.4 子目链接

名称：sub-series link

出处：国家古籍保护中心

标签：子目链接

定义：丛书所辖子目记录的加工记录标识号。

注释：填写丛书所辖每个子目所对应的加工记录标识号，有多个子目的重复本字段，分别著录。

术语类型：元素修饰词

限定：相关资源（relation）

必备性：有则必备

可重复性：可重复

示例：

加工记录标识号（丛书）：010113020230014

题名：新刊五子書：二十卷

子目题名：鬻子：二卷

子目链接：0101130202300140001

13.5 合订题名

名称：bound with

出处：古籍元数据规范（WH/T 66—2014）

标签：合订题名

定义：与著录对象装订在一起的古籍的题名。

注释：此处为与著录古籍原物合订的古籍题名。

术语类型：元素修饰词

限定：相关资源（relation）

必备性：有则必备

可重复性：可重复

示例：

题名：李西涯擬古樂府

合订题名：涪州石魚题名記

13.6 合订链接

名称：bound with link

出处：国家古籍保护中心

标签：合订链接

定义：与本部古籍合订的古籍的加工记录标识号。

注释：如果有多个合订记录，重复本字段，分别著录。

术语类型：元素修饰词

限定：相关资源（relation）

必备性：有则必备

可重复性：可重复

示例1：

加工记录标识号：1601130202300020001

题名：资治通鑒綱目：五十九卷，首：一卷

合订链接：1601130202300020002

示例2：

加工记录标识号：1601130202300020002

题名：續資治通鑒綱目：二十七卷

合订链接：1601130202300020001

13.7　著录说明

古籍数字资源的相关资源修饰词依照其所对应的古籍原物相关内容著录，并链接到以该古籍原物为来源的古籍数字资源。

丛书题名与丛书链接；子目题名与子目链接；合订题名与合订链接，须分别成为一组，一起出现。

示例 1：

题名：新刊五子書：二十卷

丛书链接：010113020230014

子目题名：鬻子：二卷

子目链接：0101130202300140001

子目题名：子華子：十卷

子目链接：0101130202300140002

子目题名：尹文子：二卷

子目链接：0101130202300140003

子目题名：公孫龍子：三卷

子目链接：0101130202300140004

子目题名：鶡冠子：三卷

子目链接：0101130202300140005

示例 2：

加工记录标识号：1601130202300020001

题名：資治通鑒綱目：五十九卷，首：一卷

合订题名：續資治通鑒綱目：二十七卷

合订链接：1601130202300020002

示例 3：

加工记录标识号：1601130202300020002

题名：續資治通鑑綱目：二十七卷

合订题名：資治通鑑綱目：五十九卷，首：一卷

合订链接：1601130202300020001

14　主题

名称：subject

出处：古籍元数据规范（WH/T 66—2014）

标签：主题

定义：使用特定词汇对古籍资源内容的归纳描述。

注释：主题词采用自由词标引，也可从受控词表或是规范的分类体系中选取。各主题词之间用"汉字空格"间隔。为便于用户采用汉语拼音方式进行检索，主题及其编码体系修饰词可由系统自动生成与每个字相对应的汉语拼音，也可由编目员进行人工修正。

术语类型：元素

编码体系修饰词：中国分类主题词表（CCT），四部分类法（FDC）

必备性：可选

可重复性：可重复

示例：

题名：集古文韵：五卷

主题：經部 小學類 字書之屬

14.1　中国分类主题词表

名称：CCT

出处：古籍元数据规范（WH/T 66–2014）

标签：中国分类主题词表

定义：依据《中国分类主题词表》对古籍资源进行标引的规范主题词。

术语类型：编码体系修饰词

编码体系应用于：主题（subject）

必备性：可选

可重复性：可重复

示例：

主题：版本目录 清代

中国分类主题词表：目录 版本 古籍 中國

14.2 四部分类法

名称：FDC

出处：古籍元数据规范（WH/T 66—2014）

标签：四部分类法

定义：依据《全国古籍普查登记手册》中的《汉文古籍分类表》进行分类。

注释：每级分类之间以"汉字空格"间隔。

术语类型：编码体系修饰词

编码体系应用于：主题（subject）

必备性：可选

可重复性：可重复

示例 1：

题名：揚州畫舫錄：十八卷

四部分类法：史部 地理類 雜志之屬

示例 2：

题名：沈隱侯集：二卷

四部分类法：集部 別集類 漢魏六朝

14.3 著录说明

14.3.1 中国分类主题词表

依据《中国分类主题词表》对古籍资源进行标引的规范主题词。

14.3.2 四部分类法

依据附录 E《汉文古籍分类表》进行分类，建议分到三级类，最低要求分到二级类，每级类之间以"汉字空格"间隔

示例：

四部分类法：經部 叢編

四部分类法：史部 紀傳類 正史之屬

15 语种

名称：language

出处：古籍元数据规范（WH/T 66—2014）

标签：语种

定义：古籍资源内容所使用的语言种类。

注释：此项著录古籍内容所使用的主体语种，偶尔出现的其他语种不必著录。

术语类型：元素

必备性：必备

可重复性：可重复

示例：

题名：李丞相詩集：二卷

语种：漢語

16 权限

名称：rights

出处：古籍元数据规范（WH/T 66—2014）

标签：权限

定义：资源本身所有的或被赋予的关于权限的信息。

注释：一般而言，权限管理元素包括一个对资源的权限管理的声明，或者是对提供这一信息的服务的参照。权限管理一般包括知识产权（IPR），版权和其他各种的产权。

术语类型：元素

必备性：有则必备

可重复性：可重复

示例：

题名：新刻洗冤録：二卷

权限：僅限國家圖書館善本特藏閱覽室內閱覽

17 文献类型

名称：type

出处：古籍元数据规范（WH/T 66—2014）

标签：文献类型

定义：资源的特征或种类。

注释：按著录对象的类型著录来自受控词表中的值，从"甲骨""简帛""敦煌遗书""漢文古籍""古地圖""碑帖拓本""少數民族文字古籍""其他文字古籍"中选择其一填写。

术语类型：元素

必备性：必备

可重复性：可重复

示例：

题名：新刻洗冤録：二卷

文献类型：漢文古籍

附录 B XML Schema 封装结构

B1 单本古籍的 XML Schema 封装结构

```
<?xml version="1.0" encoding="UTF-8"?>
<xs:schema xmlns:xs="http://www.w3.org/2001/XMLSchema"
elementFormDefault="qualified">
  <xs:element name="book">
    <xs:complexType>
      <xs:sequence>
        <xs:element ref="metadata"/>
          <xs:element ref="structure"/>
          <xs:element ref="catalog"/>
      </xs:sequence>
    </xs:complexType>
  </xs:element>

  <xs:element name="metadata">
    <xs:complexType>
      <xs:sequence>
        <xs:element ref="identifier"/>
        <xs:element ref="titlesAndAuthors"/>
        <xs:element ref="editions"/>
        <xs:element ref="publishers"/>
        <xs:element ref="date"/>
```

```
        <xs:element ref="physicalDescriptions"/>

        <xs:element ref="descriptions"/>

        <xs:element ref="provenances"/>

        <xs:element ref="ancientBookPreservations"/>

        <xs:element ref="locations"/>

        <xs:element ref="relations"/>

        <xs:element ref="subjects"/>

        <xs:element ref="language"/>

        <xs:element ref="rights"/>

        <xs:element ref="type"/>

      </xs:sequence>

    </xs:complexType>

  </xs:element>


  <xs:element name="identifier">

    <xs:complexType>

      <xs:sequence>

        <xs:element ref="bookID"/>

        <xs:element ref="directoryNumber"/>

        <xs:element ref="censusNumber"/>

        <xs:element ref="recordID"/>

      </xs:sequence>

    </xs:complexType>

  </xs:element>

  <xs:element name="bookID" type="xs:string"/>

  <xs:element name="directoryNumber" type="xs:string"/>

  <xs:element name="censusNumber" type="xs:string"/>
```

```
<xs:element name="recordID" type="xs:string"/>

<xs:element name="titlesAndAuthors">
  <xs:complexType>
    <xs:sequence>
      <xs:element ref="titleAndAuthor"/>
      <xs:element ref="otherTitleAndAuthor"/>
    </xs:sequence>
  </xs:complexType>
</xs:element>
<xs:element name="titleAndAuthor">
  <xs:complexType>
    <xs:sequence>
      <xs:element ref="title"/>
      <xs:element ref="parallelTitle"/>
      <xs:element ref="titleOrigin"/>
      <xs:element ref="creator"/>
      <xs:element ref="contributor"/>
    </xs:sequence>
  </xs:complexType>
</xs:element>
<xs:element name="otherTitleAndAuthor">
  <xs:complexType>
    <xs:sequence>
      <xs:element ref="otherTitle"/>
      <xs:element ref="parallelTitle"/>
      <xs:element ref="titleOrigin"/>
```

149

```
                    <xs:element ref="creator"/>
                    <xs:element ref="contributor"/>
                </xs:sequence>
            </xs:complexType>
        </xs:element>
        <xs:element name="title" type="xs:string"/>
        <xs:element name="parallelTitle" type="xs:string"/>
        <xs:element name="otherTitle" type="xs:string"/>
        <xs:element name="titleOrigin" type="xs:string"/>
        <xs:element name="creator">
            <xs:complexType>
                <xs:attribute name="statementOfResponsiblePerson"
type="xs:string"/>
                <xs:attribute name="role" type="xs:string"/>
            </xs:complexType>
        </xs:element>
        <xs:element name="contributor">
            <xs:complexType>
                <xs:attribute name="statementOfResponsiblePerson"
type="xs:string"/>
                <xs:attribute name="role" type="xs:string"/>
            </xs:complexType>
        </xs:element>

        <xs:element name="editions">
            <xs:complexType>
                <xs:sequence>
```

```
            <xs:element ref="edition"/>
            <xs:element ref="editionType"/>
            <xs:element ref="editionSupplement"/>
        </xs:sequence>
    </xs:complexType>
</xs:element>
<xs:element name="edition" type="xs:string"/>
<xs:element name="editionType" type="xs:string"/>
<xs:element name="editionSupplement" type="xs:string"/>


<xs:element name="publishers">
    <xs:complexType>
        <xs:sequence>
            <xs:element ref="publisher"/>
            <xs:element ref="placeOfPublication"/>
            <xs:element ref="publishingMethod"/>
            <xs:element ref="issued"/>
            <xs:element ref="printer"/>
            <xs:element ref="placeOfPrinting"/>
            <xs:element ref="printingMethod"/>
            <xs:element ref="printed"/>
        </xs:sequence>
    </xs:complexType>
</xs:element>
<xs:element name="publisher" type="xs:string"/>
<xs:element name="placeOfPublication" type="xs:string"/>
<xs:element name="publishingMethod" type="xs:string"/>
```

```
<xs:element name="issued">
    <xs:complexType>
        <xs:attribute name="GregorianCalendar"
type="xs:string"/>
        <xs:attribute name="ChineseCalendar"
type="xs:string"/>
    </xs:complexType>
</xs:element>
<xs:element name="printer" type="xs:string"/>
<xs:element name="placeOfPrinting" type="xs:string"/>
<xs:element name="printingMethod" type="xs:string"/>
<xs:element name="printed">
    <xs:complexType>
        <xs:attribute name="GregorianCalendar"
type="xs:string"/>
        <xs:attribute name="ChineseCalendar"
type="xs:string"/>
    </xs:complexType>
</xs:element>

<xs:element name="date">
    <xs:complexType>
        <xs:attribute name="GregorianCalendar"
type="xs:string"/>
        <xs:attribute name="ChineseCalendar"
type="xs:string"/>
    </xs:complexType>
```

```
</xs:element>

<xs:element name="physicalDescriptions">
  <xs:complexType>
    <xs:sequence>
      <xs:element ref="physicalDescription"/>
      <xs:element ref="binding"/>
      <xs:element ref="quantity"/>
      <xs:element ref="dimension"/>
      <xs:element ref="chart"/>
      <xs:element ref="accompanyingMaterial"/>
    </xs:sequence>
  </xs:complexType>
</xs:element>
<xs:element name="physicalDescription" type="xs:string"/>
<xs:element name="binding" type="xs:string"/>
<xs:element name="quantity" type="xs:string"/>
<xs:element name="dimension" type="xs:string"/>
<xs:element name="chart" type="xs:string"/>
<xs:element name="accompanyingMaterial" type="xs:string"/>

<xs:element name="descriptions">
  <xs:complexType>
    <xs:sequence>
      <xs:element ref="description"/>
      <xs:element ref="creatorDescription"/>
      <xs:element ref="inventoryShortageVolume"/>
```

```
                <xs:element ref="missingCharacters"/>

                <xs:element ref="seriesDescription"/>

                <xs:element ref="boundDescription"/>

                <xs:element ref="frameSize"/>

                <xs:element ref="paragraphFormat"/>

                <xs:element ref="abstract"/>

            </xs:sequence>

        </xs:complexType>

    </xs:element>

    <xs:element name="description" type="xs:string"/>

    <xs:element name="creatorDescription" type="xs:string"/>

    <xs:element name="inventoryShortageVolume"
type="xs:string"/>

    <xs:element name="missingCharacters" type="xs:string"/>

    <xs:element name="seriesDescription" type="xs:string"/>

    <xs:element name="boundDescription" type="xs:string"/>

    <xs:element name="frameSize" type="xs:string"/>

    <xs:element name="paragraphFormat" type="xs:string"/>

    <xs:element name="abstract" type="xs:string"/>


    <xs:element name="provenances">

        <xs:complexType>

            <xs:sequence>

                <xs:element ref="provenance"/>

                <xs:element ref="inscriptionWriter"/>

            </xs:sequence>

        </xs:complexType>
```

```
    </xs:element>
    <xs:element name="provenance" type="xs:string"/>
    <xs:element name="inscriptionWriter">
      <xs:complexType>
        <xs:attribute name="writerStat" type="xs:string"/>
        <xs:attribute name="inscriptionRole"
type="xs:string"/>
      </xs:complexType>
    </xs:element>


    <xs:element name="ancientBookPreservations">
      <xs:complexType>
        <xs:sequence>
          <xs:element ref="ancientBookPreservation"/>
          <xs:element ref="culturalRelicsLevel"/>
          <xs:element ref="damageLevel"/>
        </xs:sequence>
      </xs:complexType>
    </xs:element>
    <xs:element name="ancientBookPreservation"
type="xs:string"/>
    <xs:element name="culturalRelicsLevel" type="xs:string"/>
    <xs:element name="damageLevel" type="xs:string"/>


    <xs:element name="locations">
      <xs:complexType>
        <xs:sequence>
```

```
                <xs:element ref="location"/>

                <xs:element ref="collectionUnit"/>

                <xs:element ref="callNumber"/>

            </xs:sequence>

        </xs:complexType>

    </xs:element>

    <xs:element name="location" type="xs:string"/>

    <xs:element name="collectionUnit" type="xs:string"/>

    <xs:element name="callNumber" type="xs:string"/>


    <xs:element name="relations">

        <xs:complexType>

            <xs:sequence>

                <xs:element ref="relation"/>

                <xs:element ref="series"/>

                <xs:element ref="seriesLink"/>

                <xs:element ref="sub-series"/>

                <xs:element ref="sub-seriesLink"/>

                <xs:element ref="boundWith"/>

                <xs:element ref="boundWithLink"/>

            </xs:sequence>

        </xs:complexType>

    </xs:element>

    <xs:element name="relation" type="xs:string"/>

    <xs:element name="series" type="xs:string"/>

    <xs:element name="seriesLink" type="xs:string"/>

    <xs:element name="sub-series" type="xs:string"/>
```

```
<xs:element name="sub-seriesLink" type="xs:string"/>
<xs:element name="boundWith" type="xs:string"/>
<xs:element name="boundWithLink" type="xs:string"/>

<xs:element name="subjects">
  <xs:complexType>
    <xs:sequence>
      <xs:element ref="subject"/>
      <xs:element ref="CCT"/>
      <xs:element ref="FDC"/>
    </xs:sequence>
  </xs:complexType>
</xs:element>
<xs:element name="subject" type="xs:string"/>
<xs:element name="CCT" type="xs:string"/>
<xs:element name="FDC" type="xs:string"/>


<xs:element name="language" type="xs:string"/>
<xs:element name="rights" type="xs:string"/>
<xs:element name="type" type="xs:string"/>


<xs:element name="structure">
  <xs:complexType>
    <xs:sequence>
      <xs:element ref="volume"/>
    </xs:sequence>
    <xs:attribute name="bookID" type="xs:string"/>
```

```
      </xs:complexType>
    </xs:element>
    <xs:element name="volume">
      <xs:complexType>
        <xs:attribute name="internalSequenceNumber"
type="xs:integer"/>
        <xs:attribute name="volumeTitle" type="xs:string"/>
        <xs:attribute name="volumeName" type="xs:string"/>
        <xs:attribute name="fileNumber" type="xs:integer"/>
      </xs:complexType>
    </xs:element>


    <xs:element name="catalog">
      <xs:complexType>
        <xs:sequence>
          <xs:element ref="catalogItem"/>
        </xs:sequence>
        <xs:attribute name="bookID" type="xs:string"/>
      </xs:complexType>
    </xs:element>
    <xs:element name="catalogItem">
      <xs:complexType>
        <xs:attribute name="internalSequenceNumber"
type="xs:integer"/>
        <xs:attribute name="levelNumber"  type="xs:integer"/>
        <xs:attribute name="volumeTitleAndArticleTitle"
type="xs:string"/>
```

```
            <xs:attribute name="articleAuthor" type="xs:string"/>
            <xs:attribute name="volumeName"  type="xs:string"/>
            <xs:attribute name="page"  type="xs:string"/>
        </xs:complexType>
    </xs:element>
</xs:schema>
```

B2 丛书古籍的 XML Schema 封装结构

```xml
<?xml version="1.0" encoding="UTF-8"?>
<xs:schema xmlns:xs="http://www.w3.org/2001/XMLSchema"
elementFormDefault="qualified">
    <xs:element name="books">
        <xs:complexType>
            <xs:sequence>
                <xs:element ref="metadata"/>
                <xs:element ref="structure"/>
                <xs:element ref="catalog"/>
            </xs:sequence>
        </xs:complexType>
    </xs:element>

    <xs:element name="metadata">
        <xs:complexType>
            <xs:sequence>
                <xs:element ref="seriesInfo"></xs:element>
                <xs:element ref="sub-seriesInfo"></xs:element>
            </xs:sequence>
        </xs:complexType>
    </xs:element>

    <xs:element name="seriesInfo">
        <xs:complexType>
            <xs:sequence>
```

```
        <xs:element ref="identifier"/>

        <xs:element ref="titlesAndAuthors"/>

        <xs:element ref="editions"/>

        <xs:element ref="publishers"/>

        <xs:element ref="date"/>

        <xs:element ref="physicalDescriptions"/>

        <xs:element ref="descriptions"/>

        <xs:element ref="provenances"/>

        <xs:element ref="ancientBookPreservations"/>

        <xs:element ref="locations"/>

        <xs:element ref="relations"/>

        <xs:element ref="subjects"/>

        <xs:element ref="language"/>

        <xs:element ref="rights"/>

        <xs:element ref="type"/>

        </xs:sequence>

    </xs:complexType>

</xs:element>


<xs:element name="sub-seriesInfo">

    <xs:complexType>

        <xs:sequence>

        <xs:element ref="identifier"/>

        <xs:element ref="titlesAndAuthors"/>

        <xs:element ref="editions"/>

        <xs:element ref="publishers"/>

        <xs:element ref="date"/>
```

```
            <xs:element ref="physicalDescriptions"/>

            <xs:element ref="descriptions"/>

            <xs:element ref="provenances"/>

            <xs:element ref="ancientBookPreservations"/>

            <xs:element ref="locations"/>

            <xs:element ref="relations"/>

            <xs:element ref="subjects"/>

            <xs:element ref="language"/>

            <xs:element ref="rights"/>

            <xs:element ref="type"/>

          </xs:sequence>

      </xs:complexType>

  </xs:element>


  <xs:element name="identifier">

    <xs:complexType>

      <xs:sequence>

        <xs:element ref="bookID"/>

        <xs:element ref="directoryNumber"/>

        <xs:element ref="censusNumber"/>

        <xs:element ref="recordID"/>

      </xs:sequence>

    </xs:complexType>

  </xs:element>

  <xs:element name="bookID" type="xs:string"/>

  <xs:element name="directoryNumber" type="xs:string"/>

  <xs:element name="censusNumber" type="xs:string"/>
```

```
<xs:element name="recordID" type="xs:string"/>

<xs:element name="titlesAndAuthors">
  <xs:complexType>
    <xs:sequence>
      <xs:element ref="titleAndAuthor"/>
      <xs:element ref="otherTitleAndAuthor"/>
    </xs:sequence>
  </xs:complexType>
</xs:element>
<xs:element name="titleAndAuthor">
  <xs:complexType>
    <xs:sequence>
      <xs:element ref="title"/>
      <xs:element ref="parallelTitle"/>
      <xs:element ref="titleOrigin"/>
      <xs:element ref="creator"/>
      <xs:element ref="contributor"/>
    </xs:sequence>
  </xs:complexType>
</xs:element>
<xs:element name="otherTitleAndAuthor">
  <xs:complexType>
    <xs:sequence>
      <xs:element ref="otherTitle"/>
      <xs:element ref="parallelTitle"/>
      <xs:element ref="titleOrigin"/>
```

```
        <xs:element ref="creator"/>
        <xs:element ref="contributor"/>
      </xs:sequence>
    </xs:complexType>
  </xs:element>
  <xs:element name="title" type="xs:string"/>
  <xs:element name="parallelTitle" type="xs:string"/>
  <xs:element name="otherTitle" type="xs:string"/>
  <xs:element name="titleOrigin" type="xs:string"/>
  <xs:element name="creator">
    <xs:complexType>
      <xs:attribute name="statementOfResponsiblePerson"
type="xs:string"/>
      <xs:attribute name="role" type="xs:string"/>
    </xs:complexType>
  </xs:element>
  <xs:element name="contributor">
    <xs:complexType>
      <xs:attribute name="statementOfResponsiblePerson"
type="xs:string"/>
      <xs:attribute name="role" type="xs:string"/>
    </xs:complexType>
  </xs:element>

  <xs:element name="editions">
    <xs:complexType>
      <xs:sequence>
```

```
            <xs:element ref="edition"/>
            <xs:element ref="editionType"/>
            <xs:element ref="editionSupplement"/>
        </xs:sequence>
    </xs:complexType>
</xs:element>
<xs:element name="edition" type="xs:string"/>
<xs:element name="editionType" type="xs:string"/>
<xs:element name="editionSupplement" type="xs:string"/>


<xs:element name="publishers">
    <xs:complexType>
        <xs:sequence>
            <xs:element ref="publisher"/>
            <xs:element ref="placeOfPublication"/>
            <xs:element ref="publishingMethod"/>
            <xs:element ref="issued"/>
            <xs:element ref="printer"/>
            <xs:element ref="placeOfPrinting"/>
            <xs:element ref="printingMethod"/>
            <xs:element ref="printed"/>
        </xs:sequence>
    </xs:complexType>
</xs:element>
<xs:element name="publisher" type="xs:string"/>
<xs:element name="placeOfPublication" type="xs:string"/>
<xs:element name="publishingMethod" type="xs:string"/>
```

```
<xs:element name="issued">
  <xs:complexType>
    <xs:attribute name="GregorianCalendar"
type="xs:string"/>
    <xs:attribute name="ChineseCalendar"
type="xs:string"/>
  </xs:complexType>
</xs:element>
<xs:element name="printer" type="xs:string"/>
<xs:element name="placeOfPrinting" type="xs:string"/>
<xs:element name="printingMethod" type="xs:string"/>
<xs:element name="printed">
  <xs:complexType>
    <xs:attribute name="GregorianCalendar"
type="xs:string"/>
    <xs:attribute name="ChineseCalendar"
type="xs:string"/>
  </xs:complexType>
</xs:element>

<xs:element name="date">
  <xs:complexType>
    <xs:attribute name="GregorianCalendar"
type="xs:string"/>
    <xs:attribute name="ChineseCalendar"
type="xs:string"/>
  </xs:complexType>
```

```
</xs:element>

<xs:element name="physicalDescriptions">
  <xs:complexType>
    <xs:sequence>
      <xs:element ref="physicalDescription"/>
      <xs:element ref="binding"/>
      <xs:element ref="quantity"/>
      <xs:element ref="dimension"/>
      <xs:element ref="chart"/>
      <xs:element ref="accompanyingMaterial"/>
    </xs:sequence>
  </xs:complexType>
</xs:element>
<xs:element name="physicalDescription" type="xs:string"/>
<xs:element name="binding" type="xs:string"/>
<xs:element name="quantity" type="xs:string"/>
<xs:element name="dimension" type="xs:string"/>
<xs:element name="chart" type="xs:string"/>
<xs:element name="accompanyingMaterial" type="xs:string"/>

<xs:element name="descriptions">
  <xs:complexType>
    <xs:sequence>
      <xs:element ref="description"/>
      <xs:element ref="creatorDescription"/>
      <xs:element ref="inventoryShortageVolume"/>
```

```
            <xs:element ref="missingCharacters"/>
            <xs:element ref="seriesDescription"/>
            <xs:element ref="boundDescription"/>
            <xs:element ref="frameSize"/>
            <xs:element ref="paragraphFormat"/>
            <xs:element ref="abstract"/>
        </xs:sequence>
    </xs:complexType>
</xs:element>
<xs:element name="description" type="xs:string"/>
<xs:element name="creatorDescription" type="xs:string"/>
<xs:element name="inventoryShortageVolume"
type="xs:string"/>
<xs:element name="missingCharacters" type="xs:string"/>
<xs:element name="seriesDescription" type="xs:string"/>
<xs:element name="boundDescription" type="xs:string"/>
<xs:element name="frameSize" type="xs:string"/>
<xs:element name="paragraphFormat" type="xs:string"/>
<xs:element name="abstract" type="xs:string"/>

<xs:element name="provenances">
  <xs:complexType>
    <xs:sequence>
      <xs:element ref="provenance"/>
      <xs:element ref="inscriptionWriter"/>
    </xs:sequence>
  </xs:complexType>
```

```
    </xs:element>
    <xs:element name="provenance" type="xs:string"/>
    <xs:element name="inscriptionWriter">
      <xs:complexType>
        <xs:attribute name="writerStat" type="xs:string"/>
        <xs:attribute name="inscriptionRole"
type="xs:string"/>
      </xs:complexType>
    </xs:element>


    <xs:element name="ancientBookPreservations">
      <xs:complexType>
        <xs:sequence>
          <xs:element ref="ancientBookPreservation"/>
          <xs:element ref="culturalRelicsLevel"/>
          <xs:element ref="damageLevel"/>
        </xs:sequence>
      </xs:complexType>
    </xs:element>
    <xs:element name="ancientBookPreservation"
type="xs:string"/>
    <xs:element name="culturalRelicsLevel" type="xs:string"/>
    <xs:element name="damageLevel" type="xs:string"/>


    <xs:element name="locations">
      <xs:complexType>
        <xs:sequence>
```

```
            <xs:element ref="location"/>
            <xs:element ref="collectionUnit"/>
            <xs:element ref="callNumber"/>
        </xs:sequence>
    </xs:complexType>
</xs:element>
<xs:element name="location" type="xs:string"/>
<xs:element name="collectionUnit" type="xs:string"/>
<xs:element name="callNumber" type="xs:string"/>


<xs:element name="relations">
    <xs:complexType>
        <xs:sequence>
            <xs:element ref="relation"/>
            <xs:element ref="series"/>
            <xs:element ref="seriesLink"/>
            <xs:element ref="sub-series"/>
            <xs:element ref="sub-seriesLink"/>
            <xs:element ref="boundWith"/>
            <xs:element ref="boundWithLink"/>
        </xs:sequence>
    </xs:complexType>
</xs:element>
<xs:element name="relation" type="xs:string"/>
<xs:element name="series" type="xs:string"/>
<xs:element name="seriesLink" type="xs:string"/>
<xs:element name="sub-series" type="xs:string"/>
```

```
<xs:element name="sub-seriesLink" type="xs:string"/>

<xs:element name="boundWith" type="xs:string"/>

<xs:element name="boundWithLink" type="xs:string"/>


<xs:element name="subjects">

  <xs:complexType>

    <xs:sequence>

      <xs:element ref="subject"/>

      <xs:element ref="CCT"/>

      <xs:element ref="FDC"/>

    </xs:sequence>

  </xs:complexType>

</xs:element>

<xs:element name="subject" type="xs:string"/>

<xs:element name="CCT" type="xs:string"/>

<xs:element name="FDC" type="xs:string"/>


<xs:element name="language" type="xs:string"/>

<xs:element name="rights" type="xs:string"/>

<xs:element name="type" type="xs:string"/>


<xs:element name="structure">

    <xs:complexType>

        <xs:sequence>

            <xs:element ref="separateStructure"></
xs:element>

        </xs:sequence>
```

```
            </xs:complexType>
        </xs:element>
        <xs:element name="separateStructure">
            <xs:complexType>
            <xs:sequence>
                <xs:element ref="volume"/>
            </xs:sequence>
                <xs:attribute name="bookID" type="xs:string"/>
            </xs:complexType>
        </xs:element>
        <xs:element name="volume">
            <xs:complexType>
                <xs:attribute name="internalSequenceNumber"
type="xs:integer"/>
                <xs:attribute name="volumeTitle"
type="xs:string"/>
                <xs:attribute name="volumeName" type="xs:string"/>
                <xs:attribute name="fileNumber"
type="xs:integer"/>
            </xs:complexType>
        </xs:element>

        <xs:element name="catalog">
            <xs:complexType>
                <xs:sequence>
                    <xs:element ref="catalogue"></xs:element>
                </xs:sequence>
```

```
        </xs:complexType>
    </xs:element>
    <xs:element name="catalogue">
        <xs:complexType>
            <xs:sequence>
                <xs:element ref="catalogItem"/>
            </xs:sequence>
            <xs:attribute name="bookID" type="xs:string"/>
        </xs:complexType>
    </xs:element>
    <xs:element name="catalogItem">
        <xs:complexType>
            <xs:attribute name="internalSequenceNumber"
type="xs:integer"/>
            <xs:attribute name="levelNumber"
type="xs:integer"/>
            <xs:attribute name="volumeTitleAndArticleTitle"
type="xs:string"/>
            <xs:attribute name="articleAuthor"
type="xs:string"/>
            <xs:attribute name="volumeName"
type="xs:string"/>
            <xs:attribute name="page"  type="xs:string"/>
        </xs:complexType>
    </xs:element>
</xs:schema>
```

附录 C　项目总体说明文件表

数据总体说明					
项目名称：		文献单位：			项目时间：
加工记录标识编号：					
种数：			册数：		
叶数（TIFF）：			文件数（PDF）：		
文件数（TXT）：			卷篇标引数：		
序号	存储内容	数据格式	存储介质及编号	存储量（GB）	备注

附录 D 古籍数字资源提交单

交接时间			
提交单位代码及单位名称		交接人员	
接收单位		接收人员	
交接内容			

1. 硬盘编号及存储量：

2. 文献数量：

3. 数据类型与数量：

4. 说明文档：

备注：

附录 E　汉文古籍分类表 [①]

經部

　叢編類

　易類

　　類編之屬

　　經文之屬

　　傳説之屬

　　圖説之屬

　　文字音義之屬

　　分篇之屬

　　專著之屬

　　易例之屬

　　古易之屬

　書類

　　類編之屬

　　經文之屬

　　傳説之屬

　　文字音義之屬

　　分篇之屬

　　書序之屬

　　專著之屬

　　逸書之屬

　詩類

　　類編之屬

　　經文之屬

　　傳説之屬

　　分篇之屬

　　三家詩之屬

　　詩序之屬

　　詩譜之屬

　　專著之屬

　　文字音義之屬

　　逸詩之屬

　　摘句之屬

　周禮類

　　經文之屬

　　傳説之屬

　　文字音義之屬

　　分篇之屬

　　專著之屬

[①]　可参见李致忠、李国庆著《〈中华古籍总目〉五部分类表及类分释例》，原文发表于《古籍保护研究》（第三辑）。

儀禮類

　經文之屬

　傳説之屬

　文字音義之屬

　分篇之屬

　專著之屬

　圖研之屬

　逸禮之屬

禮記類

　經文之屬

　傳説之屬

　文字音義之屬

　分篇之屬

　專著之屬

大戴禮記類

　傳説之屬

　分篇之屬

　逸禮之屬

三禮總義類

　類編之屬

　通論之屬

　名物制度之屬

　圖研之屬

　通禮之屬

　雜禮之屬

　目録之屬

樂類

　類編之屬

　樂理之屬

　律吕之屬

春秋左傳類

　經文之屬

　傳説之屬

　文字音義之屬

　專著之屬

　釋例之屬

春秋公羊傳類

　經文之屬

　傳説之屬

　文字音義之屬

　專著之屬

春秋穀梁傳類

　經文之屬

　傳説之屬

　文字音義之屬

　專著之屬

春秋總義類

　類編之屬

　經文之屬

　傳説之屬

　文字音義之屬

　專著之屬

孝經類

类編之屬

經文之屬

傳説之屬

文字音義之屬

專著之屬

四書類

类編之屬

大學之屬

正文

傳説

中庸之屬

正文

傳説

論語之屬

正文

傳説

文字音義

專著

古齊魯論

孟子之屬

正文

傳説

文字音義

專著

總義之屬

傳説

文字音義

專著

群經總義類

石經之屬

群經之屬

文字音義之屬

授受源流之屬

小學類

类編之屬

文字之屬

説文

注解

音釋

六書

部目

總義

字書

通論

古文

字典

字體

音韵之屬

韵書

古今韵説

等韵

注音

譯語

訓詁之屬

　群雅

　字詁

　方言

識緯類

　類編之屬

　河圖之屬

　洛書之屬

　讖之屬

　易緯之屬

　書緯之屬

　詩緯之屬

　禮緯之屬

　樂緯之屬

　春秋緯之屬

　孝經緯之屬

　論語緯之屬

　總義之屬

史部

叢編類

紀傳類

　正史之屬

　別史之屬

編年類

　通代之屬

　斷代之屬

紀事本末類

　類編之屬

　通代之屬

　斷代之屬

雜史類

　類編之屬

　通代之屬

　斷代之屬

　外紀之屬

載記類

史表類

　類編之屬

　通代之屬

　斷代之屬

史抄類

　類編之屬

　通代之屬

　斷代之屬

史評類

　史學之屬

　史論之屬

　考訂之屬

　咏史之屬

傳記類

　總傳之屬

　　歷代

　　斷代

郡邑	**政書類**
家乘（家傳、譜牒）	類編之屬
姓名	通制之屬
人表	儀制之屬
君臣	通禮
儒林	雜禮
文苑	專志
技藝	紀元
忠孝	謚法
隱逸	諱法
列女	科舉校規
釋道仙	邦計之屬
別傳之屬	通紀
年譜	營田
事狀	賦稅
墓志	貿易
日記之屬	俸餉
雜傳之屬	漕運
科舉録之屬	鹽法
總録	錢幣
歷科會試録	户政
恩科録	荒政
歷科鄉試録	衡制
諸貢録	邦交之屬
職官録之屬	軍政之屬
總録	兵制
歷朝	馬政

保甲　　　　　　　　　方志之屬

團練　　　　　　　　　　通志（各省總志）

律令之屬　　　　　　　　郡縣志（府州縣志）

刑制　　　　　　　　　專志之屬

律例　　　　　　　　　　古迹

治獄　　　　　　　　　　宮殿

判牘　　　　　　　　　　寺觀

法驗　　　　　　　　　　祠廟

考工之屬　　　　　　　　陵墓

營造　　　　　　　　　　園林

雜志　　　　　　　　　　書院

掌故瑣記之屬　　　　　　雜志之屬

公牘檔册之屬　　　　　　水利之屬

職官類　　　　　　　　山川之屬

官制之屬　　　　　　　　山志

通志　　　　　　　　　　水志

專志　　　　　　　　　　合志

官箴之屬　　　　　　　　游記之屬

詔令奏議類　　　　　　紀勝

詔令之屬　　　　　　　　紀行

奏議之屬　　　　　　　　外紀之屬

時令類　　　　　　　　防務之屬

地理類　　　　　　　　海防

類編之屬　　　　　　　　江防

總志之屬（全國總志）　　陸防

通代　　　　　　　　　　輿圖之屬

斷代　　　　　　　　　　坤輿（世界地圖）

全國（全國地圖）

郡縣

山圖

水圖

道里

軍用

園林

建築宮殿

陵寢

金石類

類編之屬

總志之屬

目録

圖像

文字

通考

題跋

雜著

金之屬

目録

圖像

文字

通考

題跋

雜著

錢幣之屬

圖像

文字

雜著

璽印之屬

石之屬

目録

圖像

文字

通考

題跋

義例

字書

雜著

玉之屬

甲骨之屬

陶之屬

目録類

類編之屬

通論之屬

義例

考訂

掌故瑣記

藏書約

總録之屬

史志

官修

私撰

地方

氏族

彙刻

徵訪

禁毀

提要

題跋

專録之屬

子部

叢編類

總論類

儒家儒學類

類編之屬

儒家儒學之屬

經濟

性理

鑒戒

家訓

女範

蒙學

勸學

俗訓

道家類

類編之屬

老子之屬

莊子之屬

其他道家之屬

墨家類

陰陽名縱橫家類

兵家類

類編之屬

兵法之屬

操練之屬

武術技巧之屬

兵器之屬

法家類

類編之屬

法家之屬

農家農學類（綜合論農之書入此）

類編之屬

農學之屬

田家五行之屬

耕作之屬

農具之屬

作物之屬

蠶桑之屬

綜論

養蠶

種桑

園藝之屬

灾害防治之屬

養牧之屬

獸醫之屬

图书馆古籍数字化资源加工标准规范

醫家類

類編之屬

醫經之屬

　內經

　難經

醫理之屬

　陰陽五行

　臟象骨度

　病源病機

　綜合

傷寒金匱之屬

　傷寒論

　金匱論

診法之屬

　脉經脉訣

　其他診法

針灸之屬

　經絡腧穴

　針法灸法

　通論

推拿按摩外治之屬

本草之屬

　歷代本草

　本草藥性

　食療本草

　本草雜著

方論之屬

歷代方書

單方驗方

成方藥目

　總論

溫病之屬

　瘟疫

　痧症

　瘧痢

　其他瘟疫病症

內科之屬

　通論

　風癆臌膈

　虛勞

　蟲蠱

　其他

外科之屬

　外科方

　通論

五官科之屬

　眼科

　耳鼻喉科

　附：祝由

婦產科之屬

　廣嗣

　產科

　通論

兒科之屬

痘疹

驚風

通論

養生之屬

醫案之屬

醫話醫論之屬

雜著之屬

雜家類

雜學之屬

雜説之屬

雜著類

雜考之屬

雜品之屬

雜纂之屬

雜記雜編之屬

雜記

雜編

小説家類

雜事之屬

异聞之屬

瑣語之屬

諧謔之屬

天文曆算類

類編之屬

天文之屬

曆法之屬

算書之屬

術數類

類編之屬

數學之屬

占候之屬

命書相書之屬

相宅相墓之屬

占卜之屬

陰陽五行之屬

雜術之屬

藝術類

類編之屬

書畫之屬

書法

繪畫

書畫

畫譜之屬

篆刻之屬

樂譜之屬

棋弈之屬

游藝之屬

譜錄類

類編之屬

器物之屬

飲食之屬

花草樹木之屬

鳥獸蟲魚之屬

宗教類

　道教之屬

　　道藏

　　類編

　　經文

　　戒律

　　威儀

　　方法

　　衆術

　　表章贊頌

　　勸誡

　　修煉

　　符箓

　　雜著

　佛教之屬

　　大藏經

　　彙編

　　經藏

　　　寶積部

　　　般若部

　　　華嚴部

　　　涅槃部

　　　阿含部

　　律藏

　　論藏

　　　釋經論部

　　　宗經論部

　　　密藏

　　　　金剛頂部

　　　　雜咒部

　　　　雜經

　　撰述

　　　章疏部

　　　　律疏

　　　　論疏

　　　　密教經軌疏

　　　　義章

　　　論著部

　　　　天台宗

　　　　賢首宗

　　　　律宗

　　　　禪宗

　　　　净土宗

　　　纂集部

　　　史傳部

　　　音義部

　　　目録部

　　　雜撰部

　　　其他（按：包括語録等）

　　疑偽

　民間宗教之屬

　　一般民間宗教

　　寶卷

　基督教之屬

伊斯蘭教之屬

其他宗教之屬

集部

楚辭類

別集類

漢魏六朝別集

唐五代別集

宋別集

金別集

元別集

明別集

清別集

總集類

類編之屬

通代之屬

斷代之屬

郡邑之屬

氏族之屬

酬唱之屬

題咏之屬

尺牘之屬

謠諺之屬

課藝之屬

域外之屬

詩文評類

類編之屬

詩評之屬

文評之屬

詞類

類編之屬

別集之屬

總集之屬

詞話之屬

詞譜之屬

詞韵之屬

曲類

諸宮調之屬

雜劇之屬

彙編

雜劇

傳奇之屬

彙編

傳奇

散曲之屬

彙編

散曲

俗曲之屬

彙編

俗曲

曲選之屬

彈詞之屬

寶卷之屬

曲韵曲譜曲律之屬

曲評曲話曲目之屬

小説類

類編之屬

話本之屬

文言之屬

短篇之屬

長篇之屬

類叢部

類書類

通類之屬

專類之屬

叢書類

雜纂之屬

輯佚之屬

郡邑之屬

家集之屬

自著之屬

附：新學類表

史志類

諸國史之屬

別國史之屬

政記之屬

戰記之屬

帝王傳之屬

臣民傳之屬

政治法律類

政治之屬

制定之屬

律例之屬

刑法之屬

學校類

交涉類

公法之屬

外交之屬

案牘之屬

兵制類

陸軍之屬

營壘之屬

海軍之屬

艦船之屬

槍炮之屬

子藥之屬

農政類

農務之屬

鹽務之屬

樹藝之屬

畜牧之屬

農家雜務之屬

礦物類

礦學之屬

礦工之屬

工藝類

  工學之屬

  汽機之屬

  雜工之屬

  雜藝之屬

財經類

船政類

格致類

算學類

  數學之屬

  幾何之屬（形學）

  代數之屬

  三角八綫之屬

  曲綫之屬

  微積之屬

  算器之屬

重學類

電學類

化學類

聲學類

光學類

氣學類

  氣學之屬

  水學之屬

  火學之屬

  熱學之屬

  器具之屬

天學類

地學類

  地理學之屬

  地志學之屬

全體學類

動植物學類

  動物學之屬

  植物學之屬

醫學類

  診療之屬

  方藥之屬

  衛生之屬

圖學類

  圖算之屬

  測繪之屬

幼學類

游記類

報章類

議論類

  通論之屬

  論政之屬

  論兵之屬

  其他之屬

雜撰類

  雜記之屬

  小説之屬

叢編類

附录 F　汉文古籍 XML 文件示例

示例 1

```
<?xml version="1.0" encoding="utf-8"?>
<book>
  <metadata>
    <identifier>
      <bookID>010113020230011</bookID>
      <directoryNumber>00199</directoryNumber>
      <censusNumber>110000-0101-0012988</censusNumber>
      <recordID>412004001672</recordID>
    </identifier>
    <titlesAndAuthors>
      <titleAndAuthor>
        <title>程朱二先生周易傳義：十卷</title>
        <creator statementOfResponsiblePerson="宋" role="撰">程頤</creator>
        <creator statementOfResponsiblePerson="宋" role="撰">朱熹</creator>
      </titleAndAuthor>
      <otherTitleAndAuthor>
        <otherTitle>上下篇義：一卷</otherTitle>
        <creator statementOfResponsiblePerson="宋" role="撰">程頤</creator>
```

```
        </otherTitleAndAuthor>
        <otherTitleAndAuthor>
            <otherTitle>周易五贊：一卷</otherTitle>
            <creator statementOfResponsiblePerson="宋" role="
撰">朱熹</creator>
        </otherTitleAndAuthor>
        <otherTitleAndAuthor>
            <otherTitle>易圖集録：一卷</otherTitle>
            <creator statementOfResponsiblePerson="宋" role="
撰">朱熹</creator>
        </otherTitleAndAuthor>
    </titlesAndAuthors>
    <editions>
        <edition>元后至元二年（1336）建安碧灣書堂刻本</
edition>
        <editionType>刻本</editionType>
    </editions>
    <publishers>
        <publisher>碧灣書堂</publisher>
        <placeOfPublication>建安</placeOfPublication>
        <issued GregorianCalendar="1336" ChineseCalendar="元
后至元二年"></issued>
    </publishers>
    <physicalDescriptions>
        <binding>綫裝</binding>
        <quantity>6册</quantity>
    </physicalDescriptions>
```

191

```
<descriptions>
    <description>卷六至卷十配元刻吕祖謙音訓本，上下篇
義、周易五贊抄配</description>
    <paragraphFormat>十一行二十一字小字雙行二十五字黑口
四周雙邊雙魚尾</paragraphFormat>
</descriptions>
<locations>
    <collectionUnit>國家圖書館</collectionUnit>
    <callNumber>13387</callNumber>
</locations>
<subjects>
    <FDC>經部　易類</FDC>
</subjects>
<language>漢文</language>
<type>漢文古籍</type>
</metadata>
<structure bookID='010113020230011'>
<volume internalSequenceNumber="1" volumeTitle="上下篇
義一卷 周易五贊 易圖集録一卷 程朱二先生周易上經傳義卷之一"
volumeName="0001" fileNumber="48"/>
<volume internalSequenceNumber="2" volumeTitle="程朱
二先生周易上經傳義卷之二 程朱二先生周易上經傳義卷之三"
volumeName="0002" fileNumber="42"/>
<volume internalSequenceNumber="3" volumeTitle="程朱
二先生周易上經傳義卷之四 程朱二先生周易下經傳義卷之五"
volumeName="0003" fileNumber="39"/>
<volume internalSequenceNumber="4" volumeTitle="周易下經
```

程朱傳義卷之六" volumeName="0004" fileNumber="25"/>

　　　<volume internalSequenceNumber="5" volumeTitle="周易下
經程朱傳義卷之七 周易下經程朱傳義卷之八" volumeName="0005"
fileNumber="50"/>

　　　<volume internalSequenceNumber="6" volumeTitle="周易
繫辭程朱傳義卷之九 周易程朱傳義卷之十" volumeName="0006"
fileNumber="31"/>

　　</structure>

　<catalog bookID="010113020230011">

　　　<catalogItem internalSequenceNumber="1" levelNumber="1"
volumeTitleAndArticleTitle="程朱二先生周易傳義十卷上下篇義一
卷易圖集錄一卷" articleAuthor="（宋）程頤" volumeName="0001"
page="1"/>

　　　<catalogItem internalSequenceNumber="2" levelNumber="2"
volumeTitleAndArticleTitle="易序" volumeName="0001"
page="2B"/>

　　　<catalogItem internalSequenceNumber="3" levelNumber="2"
volumeTitleAndArticleTitle="上下篇義一卷" volumeName="0001"
page="4B"/>

　　　<catalogItem internalSequenceNumber="4" levelNumber="2"
volumeTitleAndArticleTitle="周易五贊" volumeName="0001"
page="7B"/>

　　　<catalogItem internalSequenceNumber="5" levelNumber="3"
volumeTitleAndArticleTitle="原象" volumeName="0001"
page="7B"/>

　　　<catalogItem internalSequenceNumber="6" levelNumber="3"
volumeTitleAndArticleTitle="述旨" volumeName="0001"

```
                    page="8A"/>
        <catalogItem internalSequenceNumber="7" levelNumber="3"
volumeTitleAndArticleTitle="明筮" volumeName="0001"
page="8B"/>
        <catalogItem internalSequenceNumber="8" levelNumber="3"
volumeTitleAndArticleTitle="稽類" volumeName="0001"
page="9B"/>
        <catalogItem internalSequenceNumber="9" levelNumber="3"
volumeTitleAndArticleTitle="警學" volumeName="0001"
page="9B"/>
        <catalogItem internalSequenceNumber="10" levelNumber="2"
volumeTitleAndArticleTitle="易圖集録一卷" volumeName="0001"
page="10B"/>
        <catalogItem internalSequenceNumber="11" levelNumber="3"
volumeTitleAndArticleTitle="河圖" volumeName="0001"
page="10B"/>
        <catalogItem internalSequenceNumber="12" levelNumber="3"
volumeTitleAndArticleTitle="洛書" volumeName="0001"
page="11A"/>
        <catalogItem internalSequenceNumber="13" levelNumber="3"
volumeTitleAndArticleTitle="伏羲八卦次序" volumeName="0001"
page="11B"/>
        <catalogItem internalSequenceNumber="14" levelNumber="3"
volumeTitleAndArticleTitle="伏羲八卦方位" volumeName="0001"
page="12A"/>
        <catalogItem internalSequenceNumber="15" levelNumber="3"
volumeTitleAndArticleTitle="伏羲六十四卦次序"
```

volumeName="0001" page="12B"/>

　　<catalogItem internalSequenceNumber="16" levelNumber="3"
volumeTitleAndArticleTitle="伏羲六十四卦方位"
volumeName="0001" page="13B"/>

　　<catalogItem internalSequenceNumber="17" levelNumber="3"
volumeTitleAndArticleTitle="文王八卦次序" volumeName="0001"
page="14B"/>

　　<catalogItem internalSequenceNumber="18" levelNumber="3"
volumeTitleAndArticleTitle="文王八卦方位" volumeName="0001"
page="15A"/>

　　<catalogItem internalSequenceNumber="19" levelNumber="3"
volumeTitleAndArticleTitle="卦變圖" volumeName="0001"
page="15B"/>

　　<catalogItem internalSequenceNumber="20" levelNumber="2"
volumeTitleAndArticleTitle="程朱二先生周易上經傳義卷之一"
volumeName="0001" page="19B"/>

　　<catalogItem internalSequenceNumber="21" levelNumber="2"
volumeTitleAndArticleTitle="程朱二先生周易上經傳義卷之二"
volumeName="0002" page="1B"/>

　　<catalogItem internalSequenceNumber="22" levelNumber="2"
volumeTitleAndArticleTitle="程朱二先生周易上經傳義卷之三"
volumeName="0002" page="21B"/>

　　<catalogItem internalSequenceNumber="23" levelNumber="2"
volumeTitleAndArticleTitle="程朱二先生周易上經傳義卷之四"
volumeName="0003" page="1B"/>

　　<catalogItem internalSequenceNumber="24" levelNumber="2"
volumeTitleAndArticleTitle="程朱二先生周易下經傳義卷之五"

```
volumeName="0003" page="20B"/>

        <catalogItem internalSequenceNumber="25" levelNumber="2"
volumeTitleAndArticleTitle="周易下經程朱傳義卷之六"
volumeName="0004" page="1B"/>

        <catalogItem internalSequenceNumber="26" levelNumber="2"
volumeTitleAndArticleTitle="周易下經程朱傳義卷之七"
volumeName="0005" page="1B"/>

        <catalogItem internalSequenceNumber="27" levelNumber="2"
volumeTitleAndArticleTitle="周易下經程朱傳義卷之八"
volumeName="0005" page="27B"/>

        <catalogItem internalSequenceNumber="28" levelNumber="2"
volumeTitleAndArticleTitle="周易繫辭程朱傳義卷之九"
volumeName="0006" page="1B"/>

        <catalogItem internalSequenceNumber="29" levelNumber="2"
volumeTitleAndArticleTitle="周易程朱傳義卷之十"
volumeName="0006" page="22B"/>

    </catalog>
</book>
```

示例 2

```xml
<?xml version="1.0" encoding="utf-8"?>
<books>
    <metadata>
        <seriesInfo>
            <identifier>
                <bookID>010113020230014</bookID>
                <directoryNumber>08191</directoryNumber>
                <censusNumber>110000-0101-0014582</censusNumber>
                <recordID>411999025024</recordID>
            </identifier>
            <titlesAndAuthors>
                <titleAndAuthor>
                    <title>新刊五子書：二十卷</title>
                    <creator statementOfResponsiblePerson="明" role="編">李瀚</creator>
                </titleAndAuthor>
            </titlesAndAuthors>
            <editions>
                <editionType>刻本</editionType>
            </editions>
            <publishers>
                <publish>
                    <publisher>李瀚</publisher>
                    <issued GregorianCalendar="1496"
```

197

```
ChineseCalendar="明弘治九年"></issued>
                </publish>
            </publishers>
            <physicalDescriptions>
                <binding>綫裝</binding>
                <quantity>2册</quantity>
            </physicalDescriptions>
            <descriptions>
                <paragraphFormat>九行十九字，小字雙行同，黑
口，四周雙邊。</paragraphFormat>
            </descriptions>
            <locations>
                <collectionUnit>國家圖書館</collectionUnit>
                <callNumber>15011</callNumber>
            </locations>
            <relations>
                <sub-series>鬻子注：二卷</sub-series>
                <sub-seriesLink>0101130202300140001</sub-
seriesLink>
                <sub-series>子華子：十卷</sub-series>
                <sub-seriesLink>0101130202300140002</sub-
seriesLink>
                <sub-series>尹文子：二卷</sub-series>
                <sub-seriesLink>0101130202300140003</sub-
seriesLink>
                <sub-series>公孫龍子：三卷</sub-series>
                <sub-seriesLink>0101130202300140004</sub-
```

seriesLink>

    <sub-series>鶡冠子解：三卷</sub-series>

    <sub-seriesLink>0101130202300140005</sub-

seriesLink>

   </relations>

   <subjects>

    <FDC>子部　總類</FDC>

   </subjects>

   <language>漢文</language>

   <type>漢文古籍</type>

  </seriesInfo>

  <sub-seriesInfo>

  <identifier>

   <bookID>0101130202300140001</bookID>

   <recordID>411999025025</recordID>

  </identifier>

  <titlesAndAuthors>

   <titleAndAuthor>

    <title>鬻子注：二卷</title>

    <creator statementOfResponsiblePerson=″唐

″ role=″撰″>逄行珪</creator>

   </titleAndAuthor>

  </titlesAndAuthors>

  <editions>

   <editionType>刻本</editionType>

  </editions>

  <publishers>

```
            <publish>
                <publisher>李瀚</publisher>
                <issued GregorianCalendar="1496"
ChineseCalendar="明弘治九年"></issued>
            </publish>
        </publishers>
        <physicalDescriptions>
            <binding>綫裝</binding>
            <quantity>1册</quantity>
        </physicalDescriptions>
        <locations>
            <collectionUnit>國家圖書館</collectionUnit>
            <callNumber>15011</callNumber>
        </locations>
        <relations>
            <series>新刊五子書：二十卷</series>
            <seriesLink>010113020230014</seriesLink>
        </relations>
        <subjects>
            <FDC>子部　道家</FDC>
        </subjects>
        <language>漢文</language>
        <type>漢文古籍</type>
    </sub-seriesInfo>
    <sub-seriesInfo>
        <identifier>
            <bookID>0101130202300140002</bookID>
```

```
          <recordID>411999025027</recordID>
      </identifier>
      <titlesAndAuthors>
          <titleAndAuthor>
              <title>子華子：十卷</title>
          </titleAndAuthor>
      </titlesAndAuthors>
      <editions>
          <editionType>刻本</editionType>
      </editions>
      <publishers>
          <publish>
              <publisher>李瀚</publisher>
              <issued GregorianCalendar="1496"
ChineseCalendar="明弘治九年"></issued>
          </publish>
      </publishers>
      <physicalDescriptions>
          <binding>綫裝</binding>
          <quantity>1册</quantity>
      </physicalDescriptions>
      <locations>
          <collectionUnit>國家圖書館</collectionUnit>
          <callNumber>15011</callNumber>
      </locations>
      <relations>
          <series>新刊五子書：二十卷</series>
```

```
                    <seriesLink>010113020230014</seriesLink>
            </relations>
            <subjects>
                <FDC>子部　雜家</FDC>
            </subjects>
            <language>漢文</language>
            <type>漢文古籍</type>
        </sub-seriesInfo>
        <sub-seriesInfo>
            <identifier>
                <bookID>0101130202300140003</bookID>
                <recordID>411999025028</recordID>
            </identifier>
            <titlesAndAuthors>
                <titleAndAuthor>
                    <title>尹文子：二卷</title>
                </titleAndAuthor>
            </titlesAndAuthors>
            <editions>
                <editionType>刻本</editionType>
            </editions>
            <publishers>
                <publish>
                    <publisher>李瀚</publisher>
                    <issued GregorianCalendar="1496"
ChineseCalendar="明弘治九年"></issued>
                </publish>
```

```
    </publishers>
    <physicalDescriptions>
        <binding>綫裝</binding>
        <quantity>1冊</quantity>
    </physicalDescriptions>
    <locations>
        <collectionUnit>國家圖書館</collectionUnit>
        <callNumber>15011</callNumber>
    </locations>
    <relations>
        <series>新刊五子書：二十卷</series>
        <seriesLink>010113020230014</seriesLink>
    </relations>
    <subjects>
        <FDC>子部　雜家</FDC>
    </subjects>
    <language>漢文</language>
    <type>漢文古籍</type>
</sub-seriesInfo>
<sub-seriesInfo>
    <identifier>
        <bookID>0101130202300140004</bookID>
        <recordID>411999025029</recordID>
    </identifier>
    <titlesAndAuthors>
        <titleAndAuthor>
            <title>公孫龍子：三卷</title>
```

```
            </titleAndAuthor>
        </titlesAndAuthors>
    <editions>
        <editionType>刻本</editionType>
    </editions>
    <publishers>
        <publish>
            <publisher>李瀚</publisher>
            <issued GregorianCalendar="1496"
ChineseCalendar="明弘治九年"></issued>
        </publish>
    </publishers>
    <physicalDescriptions>
        <binding>綫裝</binding>
        <quantity>1册</quantity>
    </physicalDescriptions>
    <locations>
        <collectionUnit>國家圖書館</collectionUnit>
        <callNumber>15011</callNumber>
    </locations>
    <relations>
        <series>新刊五子書：二十卷</series>
        <seriesLink>010113020230014</seriesLink>
    </relations>
    <subjects>
        <FDC>子部  雜家</FDC>
    </subjects>
```

```
            <language>漢文</language>
            <type>漢文古籍</type>
        </sub-seriesInfo>
        <sub-seriesInfo>
            <identifier>
                <bookID>010113020230014005</bookID>
                <recordID>411999025026</recordID>
            </identifier>
            <titlesAndAuthors>
                <titleAndAuthor>
                    <title>鶡冠子解：三卷</title>
                    <creator statementOfResponsiblePerson="宋
" role="撰">陸佃</creator>
                </titleAndAuthor>
            </titlesAndAuthors>
            <editions>
                <editionType>刻本</editionType>
            </editions>
            <publishers>
                <publish>
                    <publisher>李瀚</publisher>
                    <issued GregorianCalendar="1496"
ChineseCalendar="明弘治九年"></issued>
                </publish>
            </publishers>
            <physicalDescriptions>
                <binding>綫裝</binding>
```

```
            <quantity>1册</quantity>
        </physicalDescriptions>
        <locations>
            <collectionUnit>國家圖書館</collectionUnit>
            <callNumber>15011</callNumber>
        </locations>
        <relations>
            <series>新刊五子書：二十卷</series>
            <seriesLink>010113020230014</seriesLink>
        </relations>
        <subjects>
            <FDC>子部　雜家</FDC>
        </subjects>
        <language>漢文</language>
        <type>漢文古籍</type>
    </sub-seriesInfo>
</metadata>
<structure>
    <separateStructure bookID='0101130202300140001'>
        <volume internalSequenceNumber="1" volumeTitle="
鬻子：二卷" volumeName="0001" fileNumber="20"/>
    </separateStructure>
    <separateStructure bookID='0101130202300140002'>
        <volume internalSequenceNumber="1" volumeTitle="
子華子：十卷" volumeName="0001" fileNumber="63"/>
    </separateStructure>
    <separateStructure bookID='0101130202300140003'>
```

```
                <volume internalSequenceNumber="1" volumeTitle="
尹文子：二卷" volumeName="0001" fileNumber="20"/>

        </separateStructure>

        <separateStructure bookID='0101130202300140004'>

                <volume internalSequenceNumber="1" volumeTitle="
公孫龍子：三卷" volumeName="0001" fileNumber="22"/>

        </separateStructure>

        <separateStructure bookID='0101130202300140005'>

                <volume internalSequenceNumber="1" volumeTitle="
鶡冠子：三卷" volumeName="0001" fileNumber="75"/>

        </separateStructure>

    </structure>

    <catalog>

        <catalogue bookID="0101130202300140001">

                <catalogItem internalSequenceNumber="1"
levelNumber="1" volumeTitleAndArticleTitle="鬻子二卷"
articleAuthor="（唐）逢行珪" volumeName="0001" page="1"/>

                <catalogItem internalSequenceNumber="2"
levelNumber="2" volumeTitleAndArticleTitle="新刊五子書序"
articleAuthor="（明）楊一清" volumeName="0001" page="2B"/>

                <catalogItem internalSequenceNumber="3"
levelNumber="2" volumeTitleAndArticleTitle="進鬻子表　顛一"
volumeName="0001" page="5B"/>

                <catalogItem internalSequenceNumber="4"
levelNumber="2" volumeTitleAndArticleTitle="鬻子序"
volumeName="0001" page="7B"/>

                <catalogItem internalSequenceNumber="5"
```

207

```
levelNumber="2" volumeTitleAndArticleTitle="鬻子卷上"
volumeName="0001" page="9B"/>
            <catalogItem internalSequenceNumber="6"
levelNumber="3" volumeTitleAndArticleTitle="撰吏五帝三王傳政
乙第五" volumeName="0001" page="9B"/>
            <catalogItem internalSequenceNumber="7"
levelNumber="3" volumeTitleAndArticleTitle="大道文王問第八"
volumeName="0001" page="10B"/>
            <catalogItem internalSequenceNumber="8"
levelNumber="3" volumeTitleAndArticleTitle="貴道五帝三王周政
乙第五" volumeName="0001" page="11A"/>
            <catalogItem internalSequenceNumber="9"
levelNumber="3" volumeTitleAndArticleTitle="守道五帝三王周政
甲第四" volumeName="0001" page="12B"/>
            <catalogItem internalSequenceNumber="10"
levelNumber="3" volumeTitleAndArticleTitle="撰吏五帝三王傳政
乙第三" volumeName="0001" page="13A"/>
            <catalogItem internalSequenceNumber="11"
levelNumber="2" volumeTitleAndArticleTitle="鬻子卷下　顛二"
volumeName="0001" page="14B"/>
            <catalogItem internalSequenceNumber="12"
levelNumber="3" volumeTitleAndArticleTitle="曲阜魯周公政甲第
十四" volumeName="0001" page="14B"/>
            <catalogItem internalSequenceNumber="13"
levelNumber="3" volumeTitleAndArticleTitle="道符五帝三王傳政
甲第二" volumeName="0001" page="15A"/>
            <catalogItem internalSequenceNumber="14"
```

```
levelNumber="3" volumeTitleAndArticleTitle="數始五帝治天下第
七" volumeName="0001" page="15B"/>
        <catalogItem internalSequenceNumber="15"
levelNumber="3" volumeTitleAndArticleTitle="禹政第六"
volumeName="0001" page="16A"/>
        <catalogItem internalSequenceNumber="16"
levelNumber="3" volumeTitleAndArticleTitle="湯政天下至紂第七"
volumeName="0001" page="16B"/>
        <catalogItem internalSequenceNumber="17"
levelNumber="3" volumeTitleAndArticleTitle="上禹政第六"
volumeName="0001" page="17A"/>
        <catalogItem internalSequenceNumber="18"
levelNumber="3" volumeTitleAndArticleTitle="道符五帝三王傳政
甲第五" volumeName="0001" page="17B"/>
        <catalogItem internalSequenceNumber="19"
levelNumber="3" volumeTitleAndArticleTitle="湯政湯治天下理第
七" volumeName="0001" page="19A"/>
        <catalogItem internalSequenceNumber="20"
levelNumber="3" volumeTitleAndArticleTitle="慎誅魯周公第六"
volumeName="0001" page="20A"/>
    </catalogue>
    <catalogue bookID="0101130202300140002">
        <catalogItem internalSequenceNumber="1"
levelNumber="1" volumeTitleAndArticleTitle="子華子十卷"
volumeName="0001" page="1B"/>
        <catalogItem internalSequenceNumber="2"
levelNumber="2" volumeTitleAndArticleTitle="子華子序　顛三"
```

```
articleAuthor="（漢）劉向" volumeName="0001" page="1B"/>
        <catalogItem internalSequenceNumber="3"
levelNumber="2" volumeTitleAndArticleTitle="子華子卷之一（二
同卷）" volumeName="0001" page="3B"/>
        <catalogItem internalSequenceNumber="4"
levelNumber="3" volumeTitleAndArticleTitle="陽城胥渠問"
volumeName="0001" page="3B"/>
        <catalogItem internalSequenceNumber="5"
levelNumber="2" volumeTitleAndArticleTitle="子華子卷之二"
volumeName="0001" page="10B"/>
        <catalogItem internalSequenceNumber="6"
levelNumber="3" volumeTitleAndArticleTitle="孔子贈"
volumeName="0001" page="10B"/>
        <catalogItem internalSequenceNumber="7"
levelNumber="2" volumeTitleAndArticleTitle="子華子卷之三（四
同卷） 顓四" volumeName="0001" page="16B"/>
        <catalogItem internalSequenceNumber="8"
levelNumber="3" volumeTitleAndArticleTitle="北宮子仕"
volumeName="0001" page="16B"/>
        <catalogItem internalSequenceNumber="9"
levelNumber="2" volumeTitleAndArticleTitle="子華子卷之四"
volumeName="0001" page="21B"/>
        <catalogItem internalSequenceNumber="10"
levelNumber="3" volumeTitleAndArticleTitle="虎會問"
volumeName="0001" page="21B"/>
        <catalogItem internalSequenceNumber="11"
levelNumber="2" volumeTitleAndArticleTitle="子華子卷之五（六
```

同卷）　顏五″　volumeName=″0001″ page=″27B″/〉

　　　　　〈catalogItem internalSequenceNumber=″12″ levelNumber=″3″ volumeTitleAndArticleTitle=″晏子″ volumeName=″0001″ page=″27B″/〉

　　　　　〈catalogItem internalSequenceNumber=″13″ levelNumber=″2″ volumeTitleAndArticleTitle=″子華子卷之六″ volumeName=″0001″ page=″33B″/〉

　　　　　〈catalogItem internalSequenceNumber=″14″ levelNumber=″3″ volumeTitleAndArticleTitle=″晏子問黨″ volumeName=″0001″ page=″33B″/〉

　　　　　〈catalogItem internalSequenceNumber=″15″ levelNumber=″2″ volumeTitleAndArticleTitle=″子華子卷之七（八 同卷）　顏六″　volumeName=″0001″ page=″39B″/〉

　　　　　〈catalogItem internalSequenceNumber=″16″ levelNumber=″3″ volumeTitleAndArticleTitle=″執中″ volumeName=″0001″ page=″39B″/〉

　　　　　〈catalogItem internalSequenceNumber=″17″ levelNumber=″2″ volumeTitleAndArticleTitle=″子華子卷之八″ volumeName=″0001″ page=″44B″/〉

　　　　　〈catalogItem internalSequenceNumber=″18″ levelNumber=″3″ volumeTitleAndArticleTitle=″大道″ volumeName=″0001″ page=″44B″/〉

　　　　　〈catalogItem internalSequenceNumber=″19″ levelNumber=″2″ volumeTitleAndArticleTitle=″子華子卷之九（十 同卷）　顏七″　volumeName=″0001″ page=″50B″/〉

　　　　　〈catalogItem internalSequenceNumber=″20″ levelNumber=″3″ volumeTitleAndArticleTitle=″北宮意問″

```
volumeName="0001" page="50B"/>
            <catalogItem internalSequenceNumber="21"
levelNumber="2" volumeTitleAndArticleTitle="子華子卷之十"
volumeName="0001" page="57A"/>
            <catalogItem internalSequenceNumber="22"
levelNumber="3" volumeTitleAndArticleTitle="神氣"
volumeName="0001" page="57A"/>
        </catalogue>
        <catalogue bookID="01011302023000140003">
            <catalogItem internalSequenceNumber="1"
levelNumber="1" volumeTitleAndArticleTitle="尹文子二卷"
volumeName="0001" page="1B"/>
            <catalogItem internalSequenceNumber="2"
levelNumber="2" volumeTitleAndArticleTitle="尹文子序　顛
八" articleAuthor="（三國魏）山陽仲長氏" volumeName="0001"
page="1B"/>
            <catalogItem internalSequenceNumber="3"
levelNumber="2" volumeTitleAndArticleTitle="尹文子卷上"
volumeName="0001" page="2B"/>
            <catalogItem internalSequenceNumber="4"
levelNumber="3" volumeTitleAndArticleTitle="大道上"
volumeName="0001" page="2B"/>
            <catalogItem internalSequenceNumber="5"
levelNumber="2" volumeTitleAndArticleTitle="尹文子卷下"
volumeName="0001" page="13B"/>
            <catalogItem internalSequenceNumber="6"
levelNumber="3" volumeTitleAndArticleTitle="大道下"
```

volumeName="0001" page="13B"/>

　　　　</catalogue>

　　　　<catalogue bookID="0101130202300140004">

　　　　　　<catalogItem internalSequenceNumber="1"
levelNumber="1" volumeTitleAndArticleTitle="公孫龍子三卷"
volumeName="0001" page="1"/>

　　　　　　<catalogItem internalSequenceNumber="2"
levelNumber="2" volumeTitleAndArticleTitle="公孫龍子卷上　三"
volumeName="0001" page="2B"/>

　　　　　　<catalogItem internalSequenceNumber="3"
levelNumber="3" volumeTitleAndArticleTitle="迹府第一"
volumeName="0001" page="2B"/>

　　　　　　<catalogItem internalSequenceNumber="4"
levelNumber="3" volumeTitleAndArticleTitle="白馬論第二"
volumeName="0001" page="6A"/>

　　　　　　<catalogItem internalSequenceNumber="5"
levelNumber="2" volumeTitleAndArticleTitle="公孫龍子卷中"
volumeName="0001" page="10B"/>

　　　　　　<catalogItem internalSequenceNumber="6"
levelNumber="3" volumeTitleAndArticleTitle="指物論第三"
volumeName="0001" page="10B"/>

　　　　　　<catalogItem internalSequenceNumber="7"
levelNumber="3" volumeTitleAndArticleTitle="通變論第四"
volumeName="0001" page="12A"/>

　　　　　　<catalogItem internalSequenceNumber="8"
levelNumber="2" volumeTitleAndArticleTitle="公孫龍子卷下"
volumeName="0001" page="16B"/>

```
        <catalogItem internalSequenceNumber="9"
levelNumber="3" volumeTitleAndArticleTitle="堅白論第五"
volumeName="0001" page="16B"/>
        <catalogItem internalSequenceNumber="10"
levelNumber="3" volumeTitleAndArticleTitle="名實論第六"
volumeName="0001" page="20A"/>
    </catalogue>
    <catalogue bookID="0101130202300140005">
        <catalogItem internalSequenceNumber="1"
levelNumber="1" volumeTitleAndArticleTitle="鶡冠子三卷"
volumeName="0001" page="1B"/>
        <catalogItem internalSequenceNumber="2"
levelNumber="2" volumeTitleAndArticleTitle="鶡冠子序
" articleAuthor="（唐）韓愈，（宋）陸佃" volumeName="0001"
page="1B"/>
        <catalogItem internalSequenceNumber="3"
levelNumber="2" volumeTitleAndArticleTitle="鶡冠子卷上"
volumeName="0001" page="2B"/>
        <catalogItem internalSequenceNumber="4"
levelNumber="3" volumeTitleAndArticleTitle="博選第一"
volumeName="0001" page="2B"/>
        <catalogItem internalSequenceNumber="5"
levelNumber="3" volumeTitleAndArticleTitle="著希第二"
volumeName="0001" page="4A"/>
        <catalogItem internalSequenceNumber="6"
levelNumber="3" volumeTitleAndArticleTitle="夜行第三"
volumeName="0001" page="5B"/>
```

<catalogItem internalSequenceNumber="7" levelNumber="3" volumeTitleAndArticleTitle="天則第四" volumeName="0001" page="6B"/>

<catalogItem internalSequenceNumber="8" levelNumber="3" volumeTitleAndArticleTitle="環流第五" volumeName="0001" page="13A"/>

<catalogItem internalSequenceNumber="9" levelNumber="3" volumeTitleAndArticleTitle="道端第六" volumeName="0001" page="17A"/>

<catalogItem internalSequenceNumber="10" levelNumber="3" volumeTitleAndArticleTitle="近迭第七" volumeName="0001" page="21A"/>

<catalogItem internalSequenceNumber="11" levelNumber="2" volumeTitleAndArticleTitle="鶡冠子卷中　顛十一" volumeName="0001" page="25B"/>

<catalogItem internalSequenceNumber="12" levelNumber="3" volumeTitleAndArticleTitle="度萬第八" volumeName="0001" page="25B"/>

<catalogItem internalSequenceNumber="13" levelNumber="3" volumeTitleAndArticleTitle="王鈇第九" volumeName="0001" page="30B"/>

<catalogItem internalSequenceNumber="14" levelNumber="3" volumeTitleAndArticleTitle="泰鴻第十" volumeName="0001" page="40B"/>

<catalogItem internalSequenceNumber="15" levelNumber="3" volumeTitleAndArticleTitle="泰録第十一" volumeName="0001" page="46B"/>

```
            <catalogItem internalSequenceNumber="16"
levelNumber="2" volumeTitleAndArticleTitle="鶡冠子卷下　顓
十二" volumeName="0001" page="50B"/>
            <catalogItem internalSequenceNumber="17"
levelNumber="3" volumeTitleAndArticleTitle="世兵第十二"
volumeName="0001" page="50B"/>
            <catalogItem internalSequenceNumber="18"
levelNumber="3" volumeTitleAndArticleTitle="備知第十三"
volumeName="0001" page="55A"/>
            <catalogItem internalSequenceNumber="19"
levelNumber="3" volumeTitleAndArticleTitle="兵政第十四"
volumeName="0001" page="57B"/>
            <catalogItem internalSequenceNumber="20"
levelNumber="3" volumeTitleAndArticleTitle="學問第十五"
volumeName="0001" page="59A"/>
            <catalogItem internalSequenceNumber="21"
levelNumber="3" volumeTitleAndArticleTitle="世賢第十六"
volumeName="0001" page="61A"/>
            <catalogItem internalSequenceNumber="22"
levelNumber="3" volumeTitleAndArticleTitle="天權第十七"
volumeName="0001" page="63A"/>
            <catalogItem internalSequenceNumber="23"
levelNumber="3" volumeTitleAndArticleTitle="能天第十八"
volumeName="0001" page="68B"/>
            <catalogItem internalSequenceNumber="24"
levelNumber="3" volumeTitleAndArticleTitle="武靈王第十九"
volumeName="0001" page="72A"/>
```

```
        </catalogue>
      </catalog>
  </books>
```